SAMI 秘録

マイティー・クラウン サミー・Tのストーリー

サミー・T（監修）
SAMI-T
八幡浩司（著）
KOJI YAWATA

ele-king books

183 CHAPTER 4 YOKOHAMA / PROGRESS
辻堂とブレイン・バスターと全部パー
チューパとサウンド・クラッシュ
「ヨコハマ・レゲエ・バッシュ」
フラッシュ・バック・ジャパン
日本のサウンド
ボストンとレガシーとボコボコ
「火と拳」と希望
フラッシュ・バック・ジャパン
イエローとタクシー・ハイ・ファイ
ベイサイド・ジェニーと「頂点」

229 CHAPTER 5 ROAD TO WORLD CLASH '99
ワシントンと「ワールド・ウォー」
ボストンと「ヴィンテージ・ウォー」
「来たー!!」とジェネラルとの別れ
決戦前夜

243 CHAPTER 6 WORLD CLASH '99
「ワールド・クラッシュ」と「燃えよドラゴン」
シミュレーションと「チェイス・ヴァンパイア」
チューパとチューン・フィ・チューン
「わからせてやった」
「俺の人生が変わった」

269 CHAPTER 7 YOKOHAMA 2023

283 Reaching out to the Readers!!

CONTENTS

5 CHAPTER ZERO TOKYO 2020

マイティー・クラウン
サミー
俺のストーリー
「どんな感じ？」
「後はヨロシク」

25 CHAPTER 1 YOKOHAMA KID

横浜中華街
センジョとサッカーとスケート
ムロちゃんとゼマとバナナ・サイズ
ターン・テーブルとボブ・マーリーとアルバイト
カセットとサウンド
マイティー・クラウン結成
サミー・T

75 CHAPTER 2 NEW YORK 1992

ニューヨーク留学と「引いてはいけない」とタカ
フラッシュ・バック・ジャパン
草とロウワー・イースト・サイド・レコードとレヴレン・バドゥ
初めてのブルックリンとニコデマスと初めてのダブ録り
バドゥズ・レストランとパトワと「チン」
聖地ビルトモアと覚醒
90s ダンスホール
恩人キムさん
濃密過ぎた最初の三ヶ月

127 CHAPTER 3 BROOKLYN / STRUGGLE

ドロップ・アウトと田中ヒロと草
ナイジェルと「ウェルカム・トゥ・アウトロー」と「ニガー」
ニューヨークの日本人達と「みんなの館」
コージ君
ジャマイカ初渡航と「クソみてぇな国」
ジャマイカ・ジャマイカ
ジェネラルとスターライト・ボールルーム
スランプ
帰国と地元と「ふざけんな」

CHAPTER ZERO

TOKYO 2020

マイティー・クラウン

1999年7月10日。大阪府泉佐野市。りんくうタウンのジョグリン・リンク・シティではジャマイカから来日したバウンティ・キラーの公演が予定されていた。その壁一面に積み上げられたサウンド・システムのスピーカーは当時に日本最大級を誇ったレゲエ・クラブらしく壮観だった。

その日の公演には前日の横浜での公演に続いてマイティー・クラウンも出演した。マイティー・クラウンはその前年に国内で開催されたサウンド・クラッシュで続けて勝利を収めていた話題のサウンドとして出演していた。彼らの地元の横浜だけでなく大阪の公演にもオファーされるぐらいに注目度を集めていた。その夜も稀代のダンスホール・スターであるバウンティー・キラーに次ぐ目玉として出演することになっていた。

公演を前にマイティー・クラウンはファミリー・レストランで夕食をすることにした。宿泊先から彼らに同行したのは自分だった。自分はバウンティ・キラーの通訳としてそのツアーに帯同していた。その時にプロモーターからバウンティー・キラーではなく、マイティー・クラウンに食事をさせることを依頼された。

バウンティー・キラーとは違いこの国では言葉が通じる彼らをアテンドするように求め

られたことを不思議に思った。マイティー・クラウンはバウンティー・キラーと同格の扱いを受けていた。

全員で一つのテーブルを囲んだ。マイティー・クラウンとはそれまでに面識はなかった。その彼らと場を共にすることは気が重たかった。当時に自分が伝え聞いていたマイティー・クラウンの評判は酷かった。その自分を囲むように彼らは席に着いた。彼らは堂々としていた。その当時の彼らの年齢を思うと変に落ち着いてもいた。想像していた輩（やから）ではなかった。

そのクールな彼らを観察することにした。マイティー・クラウンのメンバーの見分け方は聞いていた。その時にはそれに頼る必要はなかった。ただ、それを確認しながら観察することにした。

「タヌキみたいな方が兄貴」――。マスタ・サイモンは聞いていた通りに普通に話せる男だった。その会話も態度もリーダーらしかった。

「ヒゲ」――。スティッコはマイティー・クラウンがプレーするダンスの現場で見ていた時とはイメージが違った。温和でフレンドリー。笑顔が印象的でその場の空気をリラックスさせていた。

「地蔵」――。コージはその通りに無口で、その場にいた記憶も曖昧になっている。スティッコとマスタ・サイモンが自分の居心地の悪さを次第に解消させてくれた。自分からも彼らに話しかけたり、彼らの会話に参加するようにもした。しかし、それでも気持ちは重いままだった。嫌な緊張感があった宿泊先のロビーで合流してからずっと注意を払い続けていなくてはいけない相手がいた。

「キツネみたいな方が弟」――。サミー・Tが目の前に座っていた。

マイティー・クラウンの評判の酷さ、「横浜のアメリカン・スクールのガキども」「ボンボン・サウンド」「いつも英語で喋っている連中」「挨拶も敬語も口の利き方も知らない」「普段は海外にいるくせに」「とにかく態度が悪い」「クソ生意気」と当時に自分の周りの東京のレゲエ関係者、友人達から聞いていた時に、その中で「最悪」とされていたのがサミー・Tだった。マスタ・サイモンもそうだったかもしれない。しかし、「兄貴の方はまだマシ」「アイツはまだ話せる」と彼を擁護する者も多かった。

そのツアーの前に「マイティー・クラウンと一緒になる」と話すと仲間の一人が「注意した方がいい」とアドバイスをくれた。既にサミー・Tと通じていたその仲間は、サミー・Tのことを「完全にイカれている」「人が言うことに何でも絡んでくる」「突然キレたりする」「面倒臭い」と言い、サミー・Tとは「話さない方がいい、クソガキだから」と自分に念を押した。
その「要注意人物」のサミー・Tは積極的に会話に参加することもなく、自分からの話は聞いてもいない様子だった。それは無用なトラブルを回避したかった自分にとっては好都合だった。そのツアーは当時に職を失っていた自分が初めて得た仕事だった。それを与えてくれた仲間のためにも無事に終わらせたかった。クソガキにはそのまま黙っていてもらいたかった。

そのファミリー・レストランからちょうど三ヶ月後にマイティー・クラウンは世界チャンピオンになった。ニューヨークで開催されたサウンド・クラッシュ・イヴェント「ワールド・クラッシュ'99」で優勝を果たした。日本のサウンドが世界のレゲエの舞台に出場すること自体が困難で稀だった時代に優勝したことは快挙だった。それは初めてのことではなかったが、その「ワールド・クラッシュ'99」に出場した他のサウンドを思えば、また、それがニューヨークのブルックリンで開催されたことを思えば「歴史的快挙」と言えた。それをどう知ったかは記憶にない。ただ、それを知った時にはマイティー・クラウンが優勝したことよりも、リッキー・チューパが負けたことに驚いたことを覚えている。ずっとジャマイカのレゲエ・シーンばかりを追っていた自分にとってはそのことの方が衝撃だった。

マイティー・クラウンの悪評を聞き出した時も「レゲエがブームになると変なのが出てくる」と思ったぐらいだった。彼らが主催するイヴェント「横浜レゲエ祭」のポスターを初めて渋谷のガード下で見た時も「『レゲエ祭』ってダサいタイトル」と思ったぐらいだった。ファミリー・レストランで同席した時には実際に彼らのプレーを見たり、そのカセット・テープを聴いたりもしていた。彼らが話題になる理由も理解はしていた。ただ、それでも気にしていなかった。日本の中のことでしかなかった。自分は日本よりもジャマイカのシーンだけを気にしていた。

当時にキラマンジャロはジャマイカ最強のサウンドだった。パパ・ジャロが設立したその老舗サウンド・システムはサウンド・クラッシュ・シーンの世界チャンピオンだった。その中でも圧倒的な強さを誇るシーンの絶対的王者だった。その中心メンバーだったリッキー・チューパは自分にとっては特別な存在だった。ジャマイカで誕生したサウンド・システム・カルチャー、その中でも最もハードコアなエンターテイメントであるサウンド・クラッシュの魅力、興奮と熱狂を直に教えてくれたヒーローだった。

リッキー・チューパのためだけにジャマイカにも飛んだこともあった。直接交渉してキラマンジャロのダブ音源集をリリースしたこともあった。それ以外にも共に作品を制作してリリースしたこともあった。その自分にとっての絶対的なヒーローであったリッキー・チューパ率いるキラマンジャロが負けたことは自分にとっては「事件」だった。自分だけではなく世界中のレゲエ・ファンにとってもそうであるはずだった。それがマイティー・クラウン、世界的には無名な日本のサウンドに負けたことは「事故」にも思えた。当時にそんなことが起きるとは考えられなかった。考えられるはずがなかった。何がその夜の現場で起きたのかはすぐにはわからなかった。それを知るのにはその模様が収められたカセット・テープがリリースされるのを待たなくてはいけなかった。

そのカセット・テープをどこで手に入れたのかも覚えていない。渋谷か新宿、当時に幾つもあったレゲエ専門のレコード店だったとは思う。ただ、その夜の模様を収録したカセット・テープを全て聴き終えた時に、マイティー・クラウンがリッキー・チューパに勝ったことが「事件」ではあっても「事故」ではなかったことは理解できた。決して世界的には日本のサウンドという物珍しさや、勇猛果敢な若者達の勢いだけで勝利してはいなかった。ブルックリンを思えばそれで勝たせてくれるはずもなかった。そのカセット・テープの中のマイティー・クラウンは日本のサウンドではなかった。もはや自分が知るジャマイカのサウンドのようだった。ＭＣと選曲、パトワとダブ、そのプレーにはサウンドとしてのアイディアも知性も存在していた。その全てを持ってマイティー・クラウンは堂々とリッキー・チューパと渡り合い、見事なまでに打ち破っていた。それに興奮した。動揺もした。そのカセット・テープの中のマイティー・クラウンはファミリー・レストランで自分の前に座っていた彼らとは全く違っていた。日本のイヴェントで見てきた彼らでもなかった。その時に初めて彼らに興味を抱いた。強く抱いた。

マイティー・クラウンはその「ワールド・クラッシュ'99」での優勝をきっかけに日本のレゲエ・シーンの中心に立った。日本のレゲエ・シーンはその翌年からの２０００年代に突入すると同時期にジャマイカのダンスホールが約10年振りに世界の音楽シーンを席巻し始めていたことにも連動して大きく変容するが、マイティー・クラウンはアンダーグラウンド・シーンから続々とメイン・ストリームへと進出する日本のレゲエやダンスホールのアーティスト達と共にサウンドとしてそのシーンを牽引することになった。そのアイコンとして中心的な役割を担うことになっただけではなく、日本にジャマイカや世界のシーンを伝える中心的な役割も担った。「ワールド・クラッシュ'99」での優勝をきっかけに世界へと進出し、世界的な活動を本格化していたマイティー・クラウンは日本とジャマイカ、そして世界とを結びつける存在として広くに認知されるようになった。メディア以上にマイティー・クラウンがレゲエやダンスホールのアーティストと楽曲を、そして、サウンド・システム・カルチャーの魅力を日本中に向けて発信した。そのプレーするダンスの現場からヒット曲が生まれることを証明してみせた。サウンドがプレーするダンスの現場こそが発火点であり、サウンドこそがレゲエやダンスホールにとってのメディアであることを知らしめた。勢いに乗ったマイティー・クラウンは主催するレゲエ・フェス「横浜レゲエ祭」を横浜スタジアムで開催するまでに拡大した。全国各地で「レゲエ祭」と名乗ったフェスが増殖した。マイティー・クラウンを一つの中心とした大きなムーヴメントが日本を覆った。その間にもマイティー・クラウンは世界各国からサウンド・クラッシュのトロフィーを持ち帰り続けた。常に現状には満たされずに高みと変化を目指し続けた。そのプレー以上に彼らの挑戦し続ける姿勢に惹かれた者達も多かった。

自分はそのマイティー・クラウンを見てきた。1999年の「ワールド・クラッシュ」優勝以降は見続けてきた。2000年からは幾つかの仕事も共にした。彼らとの出会いは自分が会社を始めるきっかけの一つにもなった。幾つもの場面も共にした。地下のクラブから野外会場、イヴェント、フェスと国内の数多くの現場で顔を合わせ、海外でのサウンド・クラッシュやイヴェントでも時間を共にした。今に「長い付き合い」と言えばそうだ。20年以上の関係にはなる。ただ、彼らとの関係性はファミリー・レストランの時と基本的には変わらない。共に仕事をする仲間としての意識、同じ時代にレゲエ、ダンスホールに携わる者同士としての意識はあるが、決して「友達」と呼べる関係にはない。仕事以外で個人的に連絡を取ることはない。誘い合って食事や遊びに行った記憶もない。それは自分が彼らに限らず、仕事の対象となるアーティストや存在とは一定の距離を置くことに努めているのもある。彼らの表現を客観的に見続けるためには必要な距離があることは学んでいる。マイティー・クラウンからもその距離を縮めてくることはない。それも互いの関係を長くさせてくれてもいる。だから、その突然の連絡には驚き、身構えた。

サミー

突然連絡してきたのはサミー・Tだった。マスタ・サイモンとはマイティー・クラウンのリーダー、その事務所の代表者として仕事を通じて直接電話で話す機会はよくあったが、それ以外のメンバー達とはほぼなかった。その連絡先を知らないメンバーもいる。サミー・Tとは会えば深く話す関係ではあったが、電話をしてまで個人的に話す関係ではなかった。だから、その突然のサミー・Tからの電話には驚いた。そして「きっと面倒な話だろう」

と身構えた。もうクソガキではないことはとっくに知ってはいた。それでもサミー・Tが「要注意人物」であることにはずっと変わりはなかった。いつからかサミー・Tを「サミー」と周りと同じように親しげに呼ばせてもらうようになっていたが、それでもサミーが「要注意人物」であることには変わりはなかった。

自分はサミーを自分の脳内では「ジャマイカ人」のフォルダで管理していた。他の日本人とは区別をして、日頃にやり取りをしているジャマイカ人のアーティストやプロデューサー達と同じ感覚で付き合うべき相手としていた。サミーは自分が知る多くのジャマイカ人のレゲエ関係者と同様にイカれていた。その常識や感覚は日本人のそれとは異なり、鋭角にジャマイカ人に偏っていた。その常識や感覚が特異なほどジャマイカのアーティスト達はスターだった。自分から見て「真面（まとも）」に映った人ほど消えていった。厄介な人ほど周りを惹きつけた。その面倒臭さをも個性にしてみせた。楽曲や作品での魅力的なオリジナリティへと変換してみせた。そういう意味ではサミーはスター、その中でもトップ・スターだった。サミーはイカれてはいたがイカしてもいた。

サミーはいつもジャマイカのトップ・スターのように直感を大切にしていた。彼らと同様に自身の直感を信じられる人だった。その直感に従ってサミーは会話の中で突然に何かを閃いたように話し出すことも多かった。物事を周りとは違う角度で見ていることも多かった。誰よりも単純の時もあれば、誰よりも複雑な時もあった。誰よりも素直な時もあれば、誰よりも頑なな時もあった。その境目がわからなかった。その話すことが単なる思いつきなのか、冗談なのか本気なのかもわかりにくかった。その話す「俺のアイディア」も話す中で変わり続け、何が言いたいのかよくわからない時もあった。サミーはジャマイカのトップ・スターのように複雑に捻れていた。ただ、多弁で執拗な彼らとは違っていつも言葉が足らなかった。いつも言葉を省略して話すことがよりわからなくさせた。話している時にはそれを遮って内容を確認し続ける必要があった。あちこちと話が飛んで確認のしようがない時もあった。それが「サミー」だった。周りからもそれを「サミーの性格」とされていた。サミーが周りから「また何か言ってる」と扱われたりする場面も何度か見てきた。本気で話していただろうことを聞き流される場面を見たこともあった。

　サミーは自分の思いや考えを上手く伝えきれないと判断すると途中で諦めてしまうこともあった。どこか投げやりにも見える時もあった。「どうせ言ってもわかんねぇと思うけどさ」と不貞腐れる時もあった。そのままならない思いを吐き出し始めたら止まらなくなる時もあった。そうした時には攻撃的な言葉を並べる時もあった。話す前に人を試したり相手を見定めるような時もあった。それでも人を強く求める人だった。常に人の意見に耳を貸す用意はあった。それでも人に壁を作る人だった。簡単に人の意見になびくことはなかった。サミーは常に自分に自信を持っていた。自分の直感を信じていた。

サミーはいつもどこか「一人」だった。仲間達と楽しげに過ごしていてもサミーは「一人」のようだった。マイティー・クラウンの中にいてもいつもどこかはみ出していた。マイティー・クラウンのメンバーである自覚と誇りは強くても「俺は人とは違う」と自らはみ出そうともしていた。サミーには「俺がやってきたことは他の人とは違う」と強烈な自我とプライドがあった。マイティー・クラウンに対してだけではなく、自分が果たしてきたことへの正しい評価とリスペクトを強く求めていた。そんなサミーと話しているといつもジャマイカのトップ・スターといるような気持ちにさせられた。

サミーは決して傍若無人ではなかった。粗暴でもなかった。逆にいつも周りに目を配る人だった。いつも周りを観察して、その気持ちを読み取り、喜ばそうとしていた。他の人が見落とした人の行為も見ていた。会話に紛れた誰かの言葉を聞き取ってもいた。その場の雰囲気や周りとの空気を大切にしていた。時には自分の思いよりも周りの思いを優先したりもしていた。自分の意見を押し付けたりもしなかった。理解は求めたが賛同は求めなかった。その自分の意見を正しく伝えきれない苛立ちや怒りを堪えているのがわかる時もあった。それを悟られないようにわざと道化を演じているのがわかる時もあった。実にナイーブでデリケイト。それも自分が見てきた「サミー」だった。それもジャマイカのトップ・スターと同じだった。

その性格がサミーのサウンド・マン、セレクターとしての成功にも結びついていると判断していた。それが客の気持ちと会場の雰囲気を読み取ることを可能にしていると想像していた。サミーはどの現場でも客を楽しますことができた。その直感と閃きには客が求める刺激があった。サミーは客が想像しなかったプレーを創造できるセレクターだった。サミーは時に話すよりもプレーする方が自身の思いや考えを伝えやすそうだった。そのプレーには曲や言葉以外にも伝わる感情が存在した。ただ、その少し口を開き、目を尖らせ、その尋常ではない集中力と熱量でマスタ・サイモンのMCに合わせて曲をプレーするセレクターとしてのサミーが見れるのは海外だけだった。日本ではセレクターを務めることが多いサミーがMCとしてもその変幻自在のトークとパフォーマンスで突出したエンターテイメントを展開するのが見れるのも海外だけだった。国内で手を抜いていたわけではない。それとは違うサミーという意味だ。その完全に「ゾーン」に入ったイカれてイカしたサミーを見れるのは海外、それも本場のサウンド・クラッシュだった。そのイカれた現場のイカした客を前にした時だけだった。そこではサミーは最強だった。そして何よりも自由に見えた。そのサミーが好きだった。リッキー・チューパの後に自分がファンになったサウンドのセレクターはサミーだけだった。

俺のストーリー

「あのさ、俺のストーリーを本とかにできねぇかなって」。突然の連絡でサミーはいきなりそう話し出した。「自伝を出したいということ？」と聞くと、サミーは「いや、なんて言うのかはわからないけど、俺のストーリーを本にしたいんだよね」と、そのままサミーは一方的にその「俺のアイディア」を話し続けた。それに興味と賛同を求めていることはわかった。その上で何がしかの協力を自分に求めてきていることも想像できた。一通り話し終えると、サミーは「とりあえずさ、この後に送るからそれを読んで欲しいんだよね」と言い、メールを送りつけてきた。そのメールにはファイルが添付されていた。それを開くとそこにはサミーの「俺のストーリー」が書き綴られていた。それは相当なページ数のファイルだった。

サミーが日本語で文章を書くことを苦手としていることは知っていた。言葉で話すことよりも苦手なのも知っていた。そのサミーが何ページも書いていたことに驚いた。その隙間なく書き連ねられた文字を見て、一瞬サミーが誰かに書かせたものかと思ったが、読めばそれがサミー本人が書いたものであることはすぐ理解できた。それにさらに驚いた。

その口語体で書かれていた文章には誤字や漢字の変換ミスも多く、突然妙な敬語で書かれていたり、英語が混じっていたりもしていたが、それは普段のサミーとの会話と同じだった。その会話と同様に言葉が省略されたりもしていて一読しただけでは理解できない部分も多かった。その内容もサミーそのもので、それを全てを正しく理解するのには推測と想像と「サミーの性格」への理解と経験値が必要だった。その「俺のストーリー」もその会話のように話があちこちに飛び散らかってもいたりもした。いつの時代のどんな出来事を書こうとしたのかは自分の持ち合わせたサミーに対する知識に頼るしかなかった。中には途中で止まったままの文章もあった。メモのように書いた部分もあった。途中で伝えることを諦めたように思えた部分もあった。ただ、それでも理解はできた。十分に伝わった。その書かれていた内容の全てを正しく理解できなくても、それを通じて何かを伝えようとしているサミーの意思、それは理解できた。それはただの記憶でも記録だけではなかった。サミーの感情が存在していた。それを理解できた。

ただ、理解できなかったのは、サミーがなぜ自分に連絡してきたのかだった。電話の時にも「自分は本の仕事はしたことはない」「どうやったら本に出来るかとかもわからない」とサミーには伝えた。自分が協力できることは思いつかなかった。付き合いは長いが、自分が普段にどんな仕事をしているかはよくは知らないサミーが勘違いをしたままに連絡してきただけと思った。ただ、それでもサミーには「何か自分にできることがあれば協力もする」とは伝えていた、そうしてしまっていた。ただ、それはサミーがわざわざ連絡してきてくれたことへの礼儀としてそうしただけだった。これまでもそうした軽はずみな発言で自分は何度もミスを犯してきていた。この時もそうだった。

「どんな感じ？」

それ以降にサミーからは何度も連絡されるようになった。「どんな感じ？　本のことなんだけどさ、あれからなんか進んだ？」と連絡された。まるで友達のように気安く距離を詰めてこられた。それじたいは一人のファンとしては嬉しくも光栄でもあったが、それは決して自分が求めていたものではなかった。「いや、だからさ」とサミーには毎回同じ説明をした。それでもサミーは「どんな感じ？」と自分の説明を聞いてないように連絡し続けてきた。自分が伝えていた「協力する」がサミーをそうさせていた。サミーが相手の言葉を聞き逃さないことを思い出した。自分のミスだった。次第にサミーからの連絡は「本のことはなにも知らないのはわかっているよ、でも、その中でどう協力してくれるのかって聞いてるんだよ」と問われているような気持ちにさせられた。クソ面倒な気持ちにさせられた。

もう動くしかなかった。そうでなければその抱えた面倒は片付きそうもなかった。その時に唯一自分が思い付いたことはサミーの本を出してくれる出版先を見つけることぐらいだった。ただ、それは自分からすると容易なことではなかった。その方法も手段も知らなかった。それを知っている先輩に頼ることにするしかなかった。その先輩には企画書の書き方から教えてもらうつもりだった。しかし、先に「サミー・T」「マイティー・クラウン」と伝えると話は勝手に進んだ。先輩は企画書を書く前に出版社の担当者と引き合わせてくれた。それで自分の面倒は片付くように思えた。あとはその人に委ねてしまえばいいと思っていた。そこまでが自分の役割と思っていた。ただ、そうはならなかった。それは出版社でサミーを交えて初めての打ち合わせを設けた時のことだった。その担当者は自分に向かっていきなり「サミーさんに話を聞いて原稿を書いてよ」と言った。それに戸惑いながら、「いや、ですから、本を書いたことはないですし、書けるとも思いませんから」と丁重に断りを入れた。それは事実と本心でサミーも理解しているはずだった。横に座ったサミーに視線を送った。「サミーからも断ってくれ」の意味を込めて。

「後はヨロシク」

「それでよくねぇ?」。自分と目を合わせたはずのサミーはあっさりとそう言ってのけた。

唖然とする自分を見て、サミーはそのまま「それでいいよ、俺が話すのをまとめてよ」と担当者と共に話をあっさりとまとめてみせた。「後はヨロシク」と笑った。そのサミーの笑顔は念願だった「俺のストーリー」が本になること、その目処が立ったことに対してだとはすぐにわかった。ただ、それを自分が書くことになるのを本当に「それでよくねぇ?」とサミーが思っているかはわからなかった。サミーにも理想とするやり方はあったはずだった。困難なのはわかっていても、それでも自分で書いてみせたかったのかもしれなかった。またサミーが気持ちを伝えることを途中で諦めてしまっているようにも思えた。また投げやりになっているようにも思えた。担当者からの提案に「それがよい」ではなく「それでよくねぇ?」と答えたことにもそう確信もしていた。

「担当者には改めて断りを入れることにする」、その時はそうすることにした。ただ、その時間が経つに連れて自分が書くことをいつも妄想していることに気付いた。書けるとは思わなかった。書くことのストレスも知っていた。適任ではないこともわかっていた。ただ、それでも引き受けたい気持ちにはさせられていた。サミーが送っていた原稿にそうさせられていた。

サミーと知り合ってからのその活動はずっと見てきている。ただ、知り合った以前の時代のことはよくは知らない。マイティー・クラウンとしての活動はともかく、サミー個人に関しては知らないことが多い。友達ではないからそれをサミーに聞いたこともない。過去のことよりも現在と未来のことばかりを話してきた。しかし、サミーからの原稿はその話してこなかった過去に触れていた。自分がよくは知らない時代のこと、１９９９年の「ワールド・クラッシュ」以前のサミー、そしてマイティー・クラウンのことだけが書かれていた。それは自分が詳しく知りたいことばかりだった。それを仕事とするのならば聞けると思えた。個人的に連絡しても良いと思えた。サミーに会いに行くことにした。

CHAPTER 1

YOKOHAMA KID

横浜中華街

元町中華街駅。コロナで移動が規制される中、何度もマイティー・クラウンの事務所に通うことにした。毎週火曜日と時間を決めてサミーと会うことにした。コロナはサミーと会うことを容易にしていた。マイティー・クラウンの活動も制限されていた。「一年に一度も海外に行かないのは高校卒業して以来」とサミーも先が見えない状況の中で困惑していた。

事務所に向かう時には元町側の改札から出る方が近い。しかし、一度だけ中華街側の改札から向かうことにした。それは久しく見ていなかった中華街、その関帝廟通りに面した古い木造の建物を確認するためだった。その建物には何年も前からマイティー・クラウンの看板が貼られていた。それらの看板は色褪せてしまっていた。その建物ももう何年も誰も使用していない様子だった。

1999年にマイティー・クラウンとの付き合いが始まった頃にはよくこの建物で彼らと待ち合わせをした。彼らが会社を立ち上げ、最初の事務所を設立するのはもう少し後のことだった。当時にその建物の一階には「ラガ・チャイナ」が入っていた。そこはレゲエのカセット・テープやアクセサリーと共に中華食材や雑貨も並ぶその店名通りにラガでチャイナな店だった。薄暗くて狭い店内ではレゲエが流されていた。中華料理や観光を目的とした華やいだ街の中では明らかに異質で奇妙に浮いた店だった。その店にサミーがいることがあった。商品の位置を並べ替えているサミーに「この店、大丈夫なの?」と聞いたら「ホントに失礼な人だよね」と返されたりもした。サミーがこの店に関与していることは知っていた。しかし詳しくは知らなかった。

「もともとウチの爺ちゃんと婆ちゃんがやってた店だったんだよね。爺ちゃんはその裏の中華料理店でコックしていたから、普段は婆ちゃんが店に立ってた。ラガチャ(ラガ・チャイナ)は爺ちゃんが亡くなった後に俺が引き継いだ感じ。中華食材を売っていたのは爺ちゃん達の店の名残り」。

サミーは1974年に横浜で生まれている。両親のどちらの祖父母も中国から横浜に渡っている華僑の家庭に生まれている。実家は本牧にあった。「ホントにガキだった頃は本牧と中華街で育った感じかな。両親が共働きだったから、中華街の婆ちゃんの店に行くことも多かった」。その「華僑」という言葉が持つイメージほどは裕福ではなかったとも言う。「その頃は親も若くてまだ勝ち上がったりしてなかっただろうしね。そこまで金持ちでもなかったし、そこまで貧乏でもなかった、なんて言うのかな、そうだね、その『中流』っていうのがニュアンスとしては近いかな。今でもラガチャの裏は汚いんだけど、俺がガキだった頃はもっと汚くてさ。でも、そこでお湯沸かしてタライに溜めて普通に体を洗ったりしてたからね。今に思うとラガだったなって思うけど、ガキの頃はそんなのわからないよね、それが貧しいことなのかはさ」と決してイメージしていた「華僑のボンボン」みたいな育ちではなかった。

本牧の実家ではサミーは両親と兄のサイモン、父方の祖母等と暮らしていた。マスタ・サイモンとサミーは二歳違いだ。賑やかな家庭だった。「婆ちゃんが広東語しか喋られなかったから、家の中の会話は日本語と広東語がちゃんぽんみたいな感じだった」。ただ、サミーは広東語は話せない。「片言ぐらい、婆ちゃんが話しているのを聞いて『こんなこと言っているんだろうな』って少しわかったぐらい」。広東語を学んだこともなかった。

友達と遊ぶことが好きだったと言う。「中華街で爺ちゃんをチェックしに行って小遣いもらって駄菓子を買ったりしてさ。中華街でも友達と遊んでたし、本牧でも近所の友達と遊んだりしてたよ、みんなと遊ぶことが好きだったんだよね」。何も問題はなかったと言う。「ガキの頃ってただみんなで仲良く遊ぶって感じじゃん？　そんな『中国人』や『日本人』みたいなことはガキの頃には関係なかったし、そんなのわかんないじゃん？　そんな差別とかは何もなかった」と言うが、「ただ名前かな、『サミー』っていう自分の名前。周りが日本人の名前だったりする中で自分だけがそういう名前なことに周りとの違いみたいなのは感じていたかな」。

それ以外に当時に感じていた周りとの違いは他にもあった。「一番は飯かな。婆ちゃんが朝早くからお粥を作っていたり、たまに作ってくれる薬膳スープが最高に美味かったのを覚えてる。ウチは基本は中華だったから、他の家の飯を見て『違ぇな』って思ってたよ」。ただ、そうした周りとの違いを特別に意識して育ってはいない様子だった。サミーには自分が調べた中華街の歴史の資料やそれに関連した本を見せたことがあった。それを手に中華街が江戸時代の外国人居留地をルーツにしていること、昭和の時代に初めて牌楼が建てられた時にそれまでの南京街から中華街と呼ばれるようになっていることを伝えると、サミーは「初めて知ったよ」と言い、横浜の華僑のことも中華街のことも詳しくは知らない様子だった。想像していたよりも「華僑の家の子」として育った様子はなかった。広東語と同様に「華僑の家の子」としての特別な教育を受けてもいなかった。家族の歴史にも「ちょっと聞いてみないとわかんないな」と答える場面が多かった。

そうした質問に対してサミーは「日本の中では普通の家庭ではないと言われたらそうかもしれないけど、俺からしたら普通だよ。だって、そこが俺が生まれた家なんだから。そういう家に生まれたらそれが自分にとっては普通になるじゃん？　そういうもんだって」と言い、少し面倒臭そうだった。「国籍や差別のことも聞かないといけないのはわかるけど、差別もさ、全くなかったかと言われりゃ、あったとは思うよ。それは普通にあるからさ。俺に対してだけではなく差別は普通にどこにでもあるでしょ？　でもさ、俺が本当にそういうのを感じたり理解するようになるのはもっと全然後なんだよね。本当の意味での人種差別、そんな普通じゃないレベルの差別を味わうことになったのはそれこそ『ワールド・クラッシュ』で優勝したりした後だよ」と話して、そうした質問を遮った。その当時に受けた差別も今からすれば差別の内にも入らない様子だった。その当時の些細なことを話しても意味がない様子だった。「もうさ、そのへんは『横浜で生まれた、チャイニーズ系の家で育った』ってぐらいでいいんじゃない？」。

それでもサミーはその全ての質問に自分が知り得る限りの回答をしてくれた。祖父母のこと、両親のこと、サミーが伝え聞いている自身のルーツのこと。ただ、「それは俺の理解であって、他の人のとは違うかもしれない。親父も亡くなっていてわからないこともあるし、今も生きている人達もいるからさ。俺が勝手に話して知らない人達までに伝える必要はない。それを快く思わない人もいるかもしれないし、誰かの迷惑になるかもしれないしさ」とそれを書き残すことを拒んだ。それは家族や周りの人達への配慮ではあった。その配慮がサミーが「華僑の家の子」であることを最も伝えてもいた。

センジョとサッカーとスケート

サミーとはある時から事前に次回に話すテーマを決めるようにしていた。そうすることでお互いに準備ができると考えた。話を聞く時は毎回事務所の中のスタジオで行った。それは他の人達を排除するためだけでなく、その音声を正しく録音するのに適していた。互いが仕事として適度な緊張感を持って話すのにもスタジオという環境は適していた。その互いの緊張感が持続できる上限として毎回二時間と決めていた。ただ、当初の予定通りには進まなかった。

サミーは毎回積極的に話そうとしてくれた。ただ、時に話したい内容をその通りに伝えられないもどかしさに困ったりもしていた。「なんて言えばいいんだろう」「日本語ではなんて言うのかな」と英語で説明しようとする時もあった。その英語を翻訳すると「日本語にするとそうなるんだけど、少しニュアンスが違うんだ」とより適切な言葉を探そうとする時もあった。「ニュアンス」とよく口にした。言葉の意味だけではなく言葉を通じて伝わるイメージを気にしていた。

毎回持ち帰った音声データを聴き直すと、改めてサミーの会話が「英語寄り」であることを確認させられた。自身でも「変な日本語」と言うが、その人生の大半を日本で過ごしているることを思うと奇妙にも思えた。振り返ると出会った時からそうだった。日本語に英語とパトワを混ぜたような話し方をしていた。それもサミーとして、またマイティー・クラウンとして、どこか当たり前のように思っていた。それに慣れてきた。

「小学校からはセンジョ」。センジョとはセント・ジョセフ・インターナショナル・カレッジ。横浜の山手のインターナショナル・スクール。高校を卒業するまでの12年間をサミーはこの英語教育主体の学校に通った。

「ガキだっだし、よくわかってなかった。自分で決められたりもしなかったし。兄貴も先に通ってたしさ」。その兄弟でインターナショナル・スクールに通っていたことも後々にマイティー・クラウンが「ボンボン・サウンド」と揶揄される理由にもなった。「そう言われても仕方はないよ。インター（インターナショナル・スクール）の学費はめちゃくちゃ高いしね。そんだけウチの親が頑張って兄弟二人をぶっ込んでくれていたってのは自分が親になってから更にわかったよ」。

サミーの父親は映画のプロデューサーの仕事をしていた。「東京やロス（ロサンゼルス）にも事務所を構えて勝負してたからあんまり家にはいなかったんだよね。たまに家に帰って来ると緊張してた。怖いって言うか、いや、殴られたりとか暴力とかそういうのは一度もなかったけど、父親としての威厳や貫禄がスゴくてさ。あと、目力もスゲぇ強かったから、睨まれるとちょっと緊張しちゃうんだよね」と言うその父親は幼いサミーに対して「お前は俺には日本語で話すな、英語で話せ」と言っていたと言う。父親から厳しく育てられた理由は後々に理解できるようになったとも言う。その「昭和スタイルだった」父親の命令は「絶対だった」。サイモンとサミーの兄弟がセンジョに通うことになったのもその父親の意向が強かった。

「最初は全然、わけわからない感じだった。授業も学校の中も全部英語で、日本語を話すと怒られたりするんだけど、小学二、三年ぐらいかな？　英語がわかり始めたのは。わかり出してくると段々と英語も日本語も中途半端と言うか、両方がちゃんぽんになった話し方になっていくんだよね。今もそうだけど。英語はセンジョ、その基礎は横浜で身に付けた。でも、学校を一歩出ると誰も英語を話してねぇじゃんか、とも思ってたりしてたけどね」。

センジョは一学年に一クラスで生徒は多くなかった。12年間を同じクラス・メイトと過ごす学校だった。「他の一般の日本の学校だったらもっと生徒もいて友達も増えただろうとは思っていたよ」。大半は日本人、それに各国からの生徒達で構成されていた。「肌の色の違いはあったけど遊ぶ感覚は同じだから、そこでも別に差別や区別みたいなものはなかったかな。それより、センジョってインターの中でも少し変わっていて、インターにも色々な学校があるんだけど、なんて言うかな、少し『ワケありな子』が通う学校だったりもしたんだ。もう誰でも知っているような大企業の子もいたけど、色々な事情で普通の学校には通えないような子もいたりして、スゲぇ問題がある家の子や事件を起こしたようなスゲぇ不良とかさ。センジョはインターの中では不良学校と言うかさ、そういう意味でもボンボンな学校ではなかったんだよね」。その他とは隔離されたような特殊とも言える環境や、そこで出会った友人達との密な関係性が後々のマイティー・クラウンの「俺達」「俺ら」の基盤になっていた。マイティー・クラウンはこのセンジョで出会った仲間達を中心に結成されている。

マイティー・クラウンと知り合った当時にすぐに気付いたのは彼らが「俺達」「俺ら」と自分達と外部を区別することを強調した言い方をよくすることだった。それは単にサウンドのチーム、クルーとしての結束力を表すだけではなく、自分達にしかわかり得ない感覚や思考があることを無意識にも外部に伝えていた。仲間内では英語も混じった「変な日本語」で会話されていたこともそうだった。「変な日本語」はサミーだけではなかった。マイティー・クラウンを通じて知り合った「俺達」の知り合いにもそうした人はいた。その「変な日本語」で話す「俺達」の中には特別な経験を共有した者同士の特別な関係性が存在していた。マイティー・クラウンはレゲエ好きがバラバラに集まって結成されたようなサウンドではなかった。レゲエに出会う以前から同じ学校、横浜のセンジョで出会い、その特殊とも言える環境の中で長い期間を密接に過ごした仲間達が中心になって結成されたサウンドだった。その密な関係性がサウンドの基盤にはあった。

センジョでのサミーは「スポーツ馬鹿、うるさい感じ、勉強は全然ダメ」と想像通りだった。その中でサミーが熱中したのはスポーツ、特にサッカーだった。「親は兄貴がやっていたことをなんでもやらそうとして、他にも色々とやったんだけど、サッカーは好きだったね。『キャプテン翼』（漫画・アニメ）の影響もあったし。サッカーは学校の部活に入ってガチでやってた。高校三年まで続けてた」。センジョには中学や高校に進む際には進級テストはあったが、サミーはそれをなんとか突破できる程度に勉強して、残りの時間はサッカーやスポーツに熱中していた。「とにかく体を動かして遊ぶようなことが好きだったんだよね」。

そのサッカーと共にサミーが熱中したのがスケート・ボードだった。「スケートは周りで流行っていたのもあって始めた感じ。スケートもサッカーと同じぐらいにガチでやってたよ。学校でサッカーを終えると山下公園とかに行って滑ってた」。山下公園は中華街からほど近い。「そこで当時にシーガルっていうスケート・チームが週末に滑っていて、俺はまだガキだったし、ちゃんとしたメンバーではなかったけど、そこの先輩達がメンバーのように扱ってくれて一緒に遊んでもらってた」。シーガルは現在に伝説として語られる横浜のスケート・チームだった。また、当時に人気スケーター達が集った東京の代々木公園にも遠征して一緒に滑っていたりもした。そうした時によく一緒にいたのはクリスだった。「アイツはめちゃくちゃスケート上手かったよ」。後にレゲエ・シンガー、スーパー・クリスとしてマイティー・クラウンに所属、そこで結成されたアーティスト集団のファイヤー・ボールのメンバーとしても活躍することになるクリスはセンジョではサミーの一学年下の後輩だった。

そして、そのスケートを通じて出会ったのがムロちゃんだった。「ムロちゃんは横須賀でスケート・ショップをやってて、よくクリスとジェフリーと兄貴とかと行ったりしてた。ジェフリーはクリスの兄弟、センジョでは兄貴と同級生。ムロちゃんは俺達がガキだったのもあってスゲぇ可愛がってくれてた。そんで、そのムロちゃんから誘われて行くことになったのがゼマだったんだよ。だから、スケートは結構俺らの重要なきっかけになってているんだよ」。

ムロちゃんとゼマとバナナ・サイズ

ゼマは本牧に在ったクラブ＆バー。１９８８〜90年と営業した期間は限られているが、現在の横浜のレゲエ・シーンに多大な影響と功績を残した伝説の店である。オーナーだったヒグチ氏は横浜で最初のサウンド・システムとされるバナナ・サイズを結成した人物でもあった。

サウンド・システムは１９５０年代にはジャマイカに存在していた。クラブやバーでアメリカや海外からのレコードをプレーしていた人達が次第にレコードとターン・テーブル、マイクからアンプ、スピーカー他の音響機器一式を保有して「移動式ディスコ」として町中で活動し始めた。その音響機器一式＝サウンド・システムを持った集団、チームのことをそのままに「サウンド・システム」「サウンド」と呼ぶようになり、それぞれのチームにも名前が付けられるようになった。

サウンドの中心にはマイクを通じて曲を紹介したり、客を煽ったり場の雰囲気を盛り上げる「ＭＣ」、レコードを選曲・プレーする「セレクター」が立っていた。サウンド・システムが鳴り響く現場は当時に娯楽が乏しかったジャマイカの中で人気を集めるようになった。音楽を楽しむ場としてだけではなく、人々が集う社交場としての役割も担い根付いていった。その現場を「ダンスホール」「ダンス」と呼んだ。そのサウンド同士が人気を競い合う中で「ダブ・プレート」や「サウンド・クラッシュ」などの独自のカルチャーも形成されていった。

ダブ・プレートとはそれぞれのサウンドが保有する音源を意味する。それぞれのサウンドがアーティストと交渉して録音したそのサウンド専用の音源で、現在はデータの時代だが、もともとは一点物のアセテート盤のレコードだった。その音源は主にアーティストの既存曲の歌詞を変えて、録音を依頼したサウンドを賞賛した内容とされている。それぞれのサウンドが他のサウンドとの差別化を図る中で始まった。通称「ダブ」。それを保有したサウンドのみがプレーできる特別な音源であることから「スペシャル」と呼ばれたりもする。ダブはサウンドだけではなく、収入の面でもその原曲のプロモーションとしても録音するアーティストにも有益だった。そのダブを録る時に使用されるリディム（バック・トラック）にはレコードに収められたインスト・ヴァージョンが無断で使用されることが多かった。ジャマイカの音楽業界で著作権や出版権の存在が知られるのはもっと後だった。現在でもそれは欧米や日本のようには整備されてはいない。

「サウンド・クラッシュ」とは文字通りにサウンド同士によるクラッシュ＝対決を意味

するエンターテイメント。それぞれのサウンドが保有するレコードやダブ、そしてMCによるトークで優劣を競い合うイヴェント。ルールはその時々で変わるが、その場に集まった観客が勝敗をジャッジすることは変わらない。サウンド・クラッシュはサウンドの世界の中では人気コンテンツとして注目度が高く、それに出場することはサウンドにとってはプロモーションにもなり、そこでの評価がその活動に大きく影響する。それ以上に勝利することで得られる人々からの賞賛、名誉とリスペクトのためにサウンドはそのプライドを賭けた。トロフィーはあっても賞金が用意されている場合は少ない。サウンドはそのトロフィーよりもリスペクトを求めて出場する。敗北を怖れることなく挑戦するが、その敗北の仕方によっては次のチャンスが得られなかったりもする。単なるゲームではない。真剣勝負の場だ。

ジャマイカでレコード産業が開始され、自国の音楽としてスカが誕生した頃からサウンドの現場はメディアとしての役割も担うようになった。そのパイオニア達、当時のレコード・レーベルのオーナー達にはサウンド出身者が多く、彼らが運営するサウンドはそのレーベルの音源を伝える役割も担った。〈トレジャー・アイル〉のデューク・リードによるトロージャン、〈スタジオ・ワン〉のコクソン・ドッドによるダウン・ビートはその中でも絶大な人気を集めた。サウンドの現場には各レーベルの最新音源を求めて人々が集った。レーベル側にとってはプロモーションだけではなく、人々の嗜好を知れるマーケティングの場にもなった。その現場にはアーティスト達も参加してマイクを握った。そのエンターテイメント性が増すことでサウンドの人気と需要はさらに高まり、その現場はジャマイカ音楽の発信拠点としてシーンの発展に重要な役割を果たしていくことになった。アーティスト達はレコードの裏面に収録された楽曲のインスト・ヴァージョンに合わせて歌っていた。やがて、そのインスト・ヴァージョンに合わせて即興で言葉を節に乗せて歌い出す者も現れた。それを「トースティング」とも呼んだが、そうしたスタイルでマイクを握る者達を歌手「シンガー」とは別に「DeeJay・ディージェー」と呼ぶようになった。サウンドの現場はジャマイカ音楽の発信拠点としてシーンの発展に重要な役割を果たすだけでなく、そうした新たなスタイルやカルチャーを創造する発信源ともなった。その現場からヒット、トレンドが生み出されていくことになった。このジャマイカでのサウンド・システムの体験をニューヨークに移住して再生させたのがクール・ハークだった。それがヒップ・ホップの誕生にも多大な影響を与えた。サウンドの現場から誕生したDeeJayスタイルもラップの誕生に影響を与えた。

1981年の巨星ボブ・マーリーの死去をきっかけとしたかのようにジャマイカの音楽

シーンのトレンドの中心はそれまでのレゲエ、特にルーツ・ロック・レゲエからダンスホールへと移行した。ダンスホールとはレゲエから派生したダンスの現場を意識した踊りと快楽をより追求した音楽で、〈ヴォルケイノ〉のヘンリー・ジョンジョ・ロウズ等の当時の新しいプロデューサー達がその新たなる時代を切り開いた。ヘンリー・ジョンジョ・ロウズもサウンドを運営していた。その〈ヴォルケイノ〉からの数多くのヒットと共に新たなるキングとしてシーンの頂点へと上り詰めたのがイエロー・マンだった。そのイエローマンもサウンドの現場から登場したダンスホールDeeJayだった。

そのイエローマンを見ることを目的に日本からジャマイカに渡航したのはランキン・タクシーだった。1983年にモンティゴ・ベイで開催されていた当時のジャマイカ最大級の野外フェス「レゲエ・サンスプラッシュ」へと初めて渡航した。しかし、ランキン・タクシーが彼の地で衝撃を受けることになったのはサウンドだった。その会場近くに積まれたスピーカー、地元サウンドのサウンド・システムから放たれる初めて体感した音量と音圧に圧倒された。それは、それまでにレコードを通じて理解していたサウンドの世界とは全く異なるものだった。ランキン・タクシーはその爆音だけではなく、人々が集い踊るダンスの雰囲気、その本場のサウンドの現場の世界観に強烈に惹かれた。それに触発されたランキン・タクシーはその翌年の1984年に自前のサウンド・システムを稼働させたイヴェントを横浜で開催した。そのタクシー・ハイ・ファイと名付けられたサウンドが日本初のサウンドとされた。

そのタクシー・ハイ・ファイに続いてランキン・タクシーと同様にサウンドの世界とカルチャーに魅了された人達によって国内にサウンドが登場し始めた。1985年のジャマイカでのキング・ジャミーの「スレンテン・リディム」の成功によって起きた一大転換期、レゲエ・シーンの「デジタル革命」によってさらにダンスホールが勢いを増し、その熱波の発信源となるサウンドの世界やカルチャーが日本にも伝わると続々と国内でサウンドが登場し始めた。自前のサウンド・システムを保有したサウンドも登場し始めていた。バナナ・サイズもその一つだった。

1989年。サミーは初めてゼマに行った。「その時はムロちゃんに誘われたから行っただけ」。その夜にはバナナ・サイズが出演していた。「ムロちゃんもバナナ・サイズのメンバーだったと思う、そこではレッド・Tと呼ばれていたし」。ただ、サミーはバナナ・サイズもサウンドもそのカルチャーも何も知らなかった。サミーが中学三年生の時だった。中学生でも夜のゼマに入れてもらえたのは「ムロちゃんがいたから」だった。それがサミーのクラブ・デビューになった。周りの中では遅い方だった。「それまではサッカーとスケートばかりに夢中になっていたからさ」。

「でも、音楽を聴くことはずっと好きだったよ」とサミーは話した。ただ、聞けばサミーのレゲエと出会う以前の音楽遍歴は特別なものではなかった。母親が好んで聴いていたカーペンターズやスティーヴィー・ワンダーやビートルズ、テレビを通じて知ったアニメ番組やドラマの主題歌、歌番組から流れていた曲、学校の周りで流行っていたマイケル・ジャクソン、スケートの時に周りが流していたハードコア・パンク。どれも周りの影響や環境で聴いていたものばかりで、何か自発的に音楽を聴いたり、アーティストやジャンルを掘っていた様子はなかった。ブルーハーツだけは「多分全部（全作）聴いている」と言うが、それも当時の中学生を思うと特別なことではなかった。小学生の時に初めてチケットを購入して行ったライヴも先輩に誘われて行ったものだった。それも「先輩がライヴ中にずっと拳を上げ続けて、スゲぇパワーだなって思ってた」ぐらいしか覚えていなかった。その時はただ先輩とライヴに行くということが楽しかっただけだった。「でもさ、あの当時に渋谷公会堂でメタリカ観てたのって結構レアだよ（笑）」。

「初めてゼマに行った時にレゲエはまだ知らなかったね。ただ、ホントにムロちゃんに誘われて行っただけ。何もわかってなかった」。それでもサミーは楽しめた。「バナナ・サイズが格好良かったからね」。

バナナ・サイズは所属するメンバーとアーティストが多いサウンドだった。初めて見たサミーにもそこにいた人達のどこまでがそのクルーなのかはわからなかった。「でも、タワー・M、MCリンゴ、69、DJハニー（マサ・アイリー）のセレクターやMC、亡くなってしまったシュガー・Kっていう当時のヤバいアーティストがいたり、ジュニア・ディーやパパ・ユージはその当時からマイク握っていて、みんなが格好良く見えたんだよね」。ジュニア・ディーとパパ・ユージは横浜のDeeJayではなかった。そうした横浜以外からもアーティストが集っていたことがバナナ・サイズのメンバーを多くしていた。それだけバナナ・サイズの活動の場は貴重で重要とされていた。サミーはそのバナナ・サイズがプレーする曲も何も知らなかった。マイクを握るアーティストのことも知らなかった。それでも彼らが繰り広げるパフォーマンスを楽しめた。「アーティストもだけど、レコードを回しながらMCが盛り上げていく感じ？　そういう初めて見る『エンターテイメント』として面白く映ったんだと思う。ガキだったから刺激的だったよ、初めてのクラブの雰囲気とかも刺激的だった」。

この時のゼマ、そしてバナナ・サイズをきっかけにしてサミーは夜の街に出かけ始める。「ゼマだけではなくて山下町のCR（クロス・ロード）にバナナ・サイズが出る日に行ったり、バナナ・サイズがCRの上の階を溜まり場にしていてそこに行き出したりした」。その頃はレゲエやサウンドよりも好奇心で行くようになっていた。「ガキだったからそうした『未体験ゾーン』に行くことが楽しかった感じ。当時は今よりもユルかったから中学生でも入れてくれたけど、ゼマもムロちゃんがいる時じゃないとダメだったり、ジュニア・ディーは大丈夫だったけど、パパ・ユージが入口にいる時は『ガキが来るところじゃねぇ』って感じで入れてくれなかったりもしたよ。パパ・ユージ、マサ・アイリー、マサヤ君（ハラダマン）とかバナナ・サイズの先輩達はめっちゃ喧嘩っ早かったし、怖かったんだよ。みんなおっかない先輩達だけど、格好良い先輩達でもあった。入れてもらえなくてもしつこく行ったりして入れてもらえるチャンスをうかがってたね」。

ユルかった時代だったとは言え、中学生が夜な夜なクラブに出入りすることはそうはなかった時代だとも記憶している。「母ちゃんからは言われていたよ、『どこ行ってたんだ』って。でも、そんなのは聞かないよね。その頃は親に言われることよりも警察に補導されることの方を気にしてた」。ただ、所謂「不良」ではなかったと言う。「そんなのは全然。だって不良って言ったら、もっとヤバい連中が本牧や他にもゴロゴロいたしさ。まぁ、不良の基準が違うのかもしれないけど。ただ好奇心旺盛なガキって感じ、知り始めた夜の街が刺激的で冒険心みたいなので行ってた。クラブでもおネェちゃん達のワイニー（腰をくねらせ上下動させるレゲエ・ダンス）を見て『うぉー』ってなったり、ケツとか触って怒られたりしてたね（笑）」。サミーはレゲエのクラブだけじゃなく、サーカス他のディスコにも行くようにもなっていた。「その頃はサウンドよりも、そうした夜の街に惹かれていた感じだったかな」。

「それが一つ」とサミーはこの当時のスケートを通じて最初にゼマに行った時のこと、バナナ・サイズと出会ったことを一つとして、「あと二つある」と自身がサウンドを始めることになったきっかけがあると話した。「振り返ると全部で三つあるんだ。時間軸にしたらどの順番だったのかはアバウトなんだけど、その三つとほぼ同時期に出会っているんだ。どれも重要だったんだ」と残りの二つの話を始めた。

ターン・テーブルとボブ・マーリーとアルバイト

ゼマに初めて行った頃にサミーはＤＪに興味を抱いていた。「DeeJayではなくてＤＪの方ね。いや、DeeJayやシンガーみたいなアーティストに憧れなかったわけではないけど、自分にはそういう才能がないって思ってたからさ。まぁ、憧れるには当時はみんなヘタクソだったのもあるけど（笑）。その頃のDeeJayやシンガーって、みんなジャマイカの曲を真似て歌う感じだったり、日本語で替え歌にしている感じだったよね。それはそれで格好良かったり面白くは思ってはいたけどね。それより自分はDJと言うか、『レコードを回す』ってことに興味を持っていた。バナナ・サイズを初めて見た時もアーティストやマイクで沸かしているMCは格好良いんだけど、その横でレコードを回しているDJ、まだ『セレクター』って言葉も知らなかったけど、そっちの方が好きだった。うーん、なんでだろうね、俺もイマイチわからないけど、ただなんか『かっけぇ』って思えちゃったんだよね」。

その頃にサミーがよく一緒に行動していたのはジェフリーとクリスだった。その兄弟の実家は元町の定食屋だった。店の二階は彼らの溜まり場となっていた。そこにはジェフリーのコンポがあった。その頃にはDJを始めていたジェフリーはそれを使ってレコードをかけていた。サミーもその溜まり場に通う中で聴く音楽が変わってきた。「ヒップホップとかスゲぇ好きになっててさ」。サード・ベース、ランDMC、パブリック・エネミー、NWA、イージー・E等を好んで聴いて、自発的に音楽を聴くようにもなっていた。

そして、ジェフリーが色々と聴かせてくれる中でサミーが衝撃を受けたのがボブ・マーリーだった。「『LEGEND』のLPだったけど、それで初めてボブ・マーリーを聴いたんだよね。最初は新鮮と言うか、それまでに聴いてきたものとは違う感じがした。そこから何度も聴くようになって『やべぇ』ってなっていった感じだった。勿論、今とは理解力は全然違うけど『Jammin』が印象的だった。リリックがわかりやすいパトワだったから聴き取れたしさ。あと『No Woman No Cry』のイントロ、LPにはライヴ・ヴァージョンで収録されていたんだけど、そのメロディのエモーショナルな感じにも惹かれたね。グルーヴも最高だったし、ガキながらリリックが自分の気持ちの中に入ってくる感覚はあった。それにハマるんだよね。あと、当時にヒップホップのミュージック・ビデオをMTVで見ていた時も、パブリック・エネミーならラッパーのフレイヴァー・フレイヴやチャック・Dだけじゃなく、自然とDJのターミネーター・Xの方にも目が行く感じだった」。

ターン・テーブル。それが欲しくてサミーはアルバイトを始めることにした。「ジェフリーがレコードを回すの見ていて自分でもやってみたいって思ったんだよ。自分でもレコードを回してみてぇって。いや、DJとかもよくわかってなくて、ただ自分でレコードを回す、その行為をしてみたかった。だったら、バイトしてターン・テーブルを買うしかねぇかって」。

サミーが最初にアルバイトしたのは中華街のバーだった。「アフリカ人が経営してた店。雇ってもらっておきながら失礼だけど少し怪しい感じの店」。英語が話せたことで店主のウィリーとも話せた。「ガキをからかう感じで客のお姉さんが俺の上に乗っかってお尻グリグリされたりしたのは覚えているなぁ（笑）」とその店でのアルバイトは中学生にとっては刺激的だったと話したが、サミーは違うアルバイト先を探すことにした。ウィリーの店では中学生であったことを理由に夜の10時までしか働かせてはもらえなかった。それではターン・テーブルを手に入れるには時間が掛かり過ぎた。母親がそのアルバイトに猛反対していたこともあった。「もっと昼間に働けて、もっと稼げるところを探そうとアルバイト雑誌を買うことにしたんだ」。

当時のアルバイト求人誌は分厚かった。それでもサミーのアルバイト先はなかなか見つからなかった。「いや、年齢とかそんなのは誤魔化すじゃん」と15歳だったサミーは18歳と偽ることにした。しかし、中学生であったことや年齢が問題ではなかった。国籍だった。サミーが求人先に電話をすると断られた。日本語で会話を続けた後に自身の「サミー」という名前を相手に告げると断られた。「外国人だから」と断られた。どこも働くには日本人であることを条件とされた。「全然ダメだったね。面接すらしてもらえない。もう面接してくれるだけで『よっしゃー』ってハッピーな気持ちになってた。でも、実際に行ってみたら『せっかく応募してくれたから会うだけ』と言われて帰されたりしたこともあったよ」。

そうした体験を繰り返して、サミーがようやく見つけたアルバイト先は川崎の工場だった。そこではダンボールをパッキングし続ける仕事を充てがわれた。「そこはただ人手が足らねぇから、もう誰でもいいって感じだったね」。その後もサミーは20代前半まで色々とアルバイトをすることになるが、いつも名前と国籍の問題は付きまとった。採用してくれたのはそうした単純作業や肉体労働の短期の仕事ばかりだった。

そうした扱いを受けたのはその時が初めてだった。「ムカついた？」と聞くとサミーは少し考えた後に面倒臭そうに「クソだなって思ったよ」と吐き捨てた。そして「いや、人種差別とかそういうんじゃないんだよね……」と言って、また少し考えた後に「そうした日本のシステムみたいなものに対してかな、日本に生まれても日本国籍じゃないと働けなかったり、働く選択肢が少ないこの国のシステムに対してクソだなって思った感じかな」と言葉を選ぶように話した。続けて「よく親父が『日本だけ見てたらダメだ』って俺にも言ってたけど、多分そういう意味でも『ダメ』って言ってたと思う。日本人に対してではなくて、そうした日本のシステムとか社会に対して。それもあって親父は俺を無理してでもインターに通わせて、英語を身に付けさせて日本じゃない国でもやっていけるようにさせようとしたんだとも思うね」と話した。

サミーはそれ以前にもこうした国籍の話になると父親の話をしたことがあった。「親父は相当苦労したらしい」「俺達よりも前の時代だったし」と父親が経験したことを思えばと、自分が経験したことは大したことではない、話すほどのことではないと、その話題を終わらようとした。サミーは父親のことを話す時にはよく「怖かった」と言った。ただ、その父親のことをサミーは尊敬していた。祖父母に連れられて日本に渡り、様々な苦労を経て、日本だけではなく海外でも自力で活動をして自分を育ててくれた父親のことをサミーは尊敬していた。父親としてだけではなく一人の人として尊敬していた。その父親の存在、その生き方がサミーにも影響していると想像できた。

アルバイトで稼いだ八万円でサミーは念願だったターン・テーブルを手に入れる。「ダークっていうドイツ人の先輩からテクニクスの中古を二台買った」。ただ、その二台のターン・テーブルはサミーの部屋ではなく溜まり場へと運ばれた。「まだミキサーは持ってなかったからジェフリーのところにあったミキサーでターン・テーブルを繋いで使えるようにしたんだ。でも、ジェフリーが使いまくっててなかなか俺に触らせてくんないの、『いや、俺のターン・テーブルなんだけどなぁ〜』って見てたりした（笑）」。サミーはジェフリーとリョウジを通じてターン・テーブル、そしてＤＪのやり方を学んだ。「リョウジはシーガルのメンバー。スケートを通じて知り合っていたんだけど超上手かったんだよね、その頃にスクラッチも出来たりもして。二人がやるのを見ながらＤＪのやり方を覚えていった感じ。習ったんではなくて見て覚えたんだよね」。

カセットとサウンド

「ゼマとバナナ・サイズ、それとターン・テーブルとボブ・マーリー、あと一つ」。サミーがサウンドを始めることになるきっかけはもう一つ存在していた。それはカセット・テープだった。「ちょうどその頃に俺らの中でカセットがバズった（流行った）んだよね」。そのカセット・テープの話ぐらいから、サミーの会話のテンションは上がってくる。それまでにも何度も会い、何時間も話を聞いてきたが、サミーは「やっと俺が話したかった話を話せる」な様子で質問をしなくても自分から話し続けた。

サミーの言う「カセット」はジャマイカやニューヨークのサウンドのプレーが録音されたカセット・テープ、サウンドのイヴェントの実況録音カセット・テープのことだった。ジャマイカのレゲエ、ダンスホールが世界的に人気を獲得していたこの80年代末〜90年代初頭には日本でもその最新のレコードを取り扱う店舗が増加していた。当時のジャマイカは現地シーンの世界的な盛り上がりに合わせて国民一人当たりの音楽ソフトの生産量が世界一位となるほど膨大なレコードが日々生産されており、そのジャマイカ産のレゲエのレコードを専門に扱う卸業者も国内には存在し、レゲエを専門とした輸入盤レコード店も増えていた。その当時にジャマイカからレゲエのレコードを最も輸入していたのは日本だった。中にはシスコ・レコードのようにジャマイカに日本からスタッフを派遣・駐在させるレコード店もあった。ジャマイカ在住の日本人にそれを委託したレコード店も多く存在した。そのジャマイカから日本に直送された最新のレコードは日本のシーンの発展にも大きく貢献していた。ジャマイカ産のレコードこそが重要だった。現地の最新のヒットを知るには欧米レーベルを経由したレコードやCDがリリースされるのを待ってはいられなかった。欧米レーベルの商品には収録されないヒット曲も多かった。盤質等は劣悪であっても、その日々続々とリリースされ続けるジャマイカのレコード、7インチのシングル・レコードこそが最速で重要だった。そうしたレコードと合わせてジャマイカから送られてくるものの中にカセット・テープもあった。現地のラジオ番組を収録したカセット・テープも人気だったが、特に人気だったのは現地のサウンドのプレーを収録した実況版カセット・テープだった。当時のジャマイカをはじめとする海外のサウンドの現場にはその模様を録音、カセット・テープにダビングして販売する「カセット・マン」と呼ばれる人達がいた。それは彼らだけではなくイヴェントのプロモーターの収益、そして、サウンドのプロモーションにもつながった。そのブートレグでアンダーグラウンドなカセット・テープは現地の本場のサウンドの様子や人気曲を知れる貴重な情報としてファンに重宝されるだけではなく、サウンドのプレーの手本にもされていた。その内容の通りに再現してプレーする日本のサウンドもいた。ただ、中にはインデックス・カードにサウンド名と収録された日付だけが手書きされた市販のカセット・テープにダビングされたものもあった。目当てのパートが収録されていないものも多かった。実際に聴かないと何が収録されているのかはわからないものが多かった。

「最初のカセットはトクから回ってきた。トクはもともとセンジョ、兄貴やジェフリーと同学年。トクは大阪出身でその頃にはもう横浜から大阪に帰っていて、アースクエイクっていうサウンドでチャッキー・スマートっていう名前でシンガーになってた。トクがサウンドを始めていたこともだけど、そのアースクエイクにはセレクター、MCとしてクリリンがいたこともデカかった。クリリンは当時の日本のスケートのチャンピオンでスケートをやっていた俺達の中でも知られた存在だった。バナナ・サイズでサウンドっていうものを知ったぐらいだったと思うんだけど、そのスケートのチャンピオンだったクリリンがサウンドをやっていることで、サウンドっていうものが余計に格好良いものに映ったんだよね」。

そのトクから届いたカセットでサミーは初めてジャマイカのサウンドがプレーしている

音源を聴いた。サミーはそれに夢中になった。「最初に聴いた時は『なんじゃこれ!?』って感じだった、衝撃的なぐらいに。そこから段々と『かっけぇ〜』ってハマっていったんだよね」。

「なんだろ、曲とMCの感じかな? 曲とMCの組み合わせとかかな。曲の歌詞やMCの言葉の意味もわかってなかったけど、とにかく刺激的だった。『なんじゃこれ? 面白いな、この音、この感じ』って吸い込まれるような感じだった。カセットにはセレクターがかける曲とMCの言葉だけじゃなくて客の歓声も入っていて、まだサウンドの現場はよく知らなかったんだけど、それを自分で勝手に想像して惹かれていた感じだよね」。ガキだったし、そういう男臭さや熱さみたいなもんにも憧れたりもしたしさ。プレーする曲もなんだけど、MCの声や言葉にも喰らった感じかな」。英語は理解できていたサミーでもそのジャマイカ人が話す言葉、パトワは全く理解できなかった。

「そうね、英語を理解できている方がパトワは理解し易いのかもしれない。でも、パトワって英語とも全然違うじゃん? だから何を言っているのかはわからなかった。けど、そのジャマイカ人の言葉の使い方や発音、パトワの響きに『かっけぇ〜』って惚れ込んだ感じはあったよね。その言葉や響きのMCと曲の組み合わせ、MCで曲をつないでいく感じ、それがかっけぇ〜だったね」。それにサミーはすぐに感化された。

「それこそまだ『ボンボクラ（Bombo Claat）』（パトワで馬鹿野郎・ふざけるな・マジかよ、逆説的にヤバい他の意味）」の意味すらもわかってなかったけど、ただその言い方や言葉の響きを真似したいだけで普段でも意味無く『ボンボクラ〜』って言ったりしてたね（笑）」。言葉や歌詞だけではなく、カセットから聴こえる曲名もアーティスト名もわからなかった。ただ、その曲のメロディやDeeJay達の歌うメロディやフローにも惹かれたと言う。

そこからサミーはサウンドのカセット・テープを聴き漁るようになる。「まずはカセット、基本はサウンドのカセットという感じだった」とカセット・テープを通じてサウンドの存在や名前を知り、そのプレーの違いや自分の好みも理解していくようになる。カセット・テープに収められた楽曲からレコードを見つけ、曲名とアーティスト名を知るようになる。当時にそうしたカセット・テープで聴いたジャマイカのサウンドとして、メトロ・メディア、ストーン・ラヴ、ボディガード、キラマンジャロ、クリスタル・サウンド、ターボ・クラウンと次々と名前を挙げ、「特に聴いたのはスーパー・セイント、もう超ローカルなサウンドだったけど、そのカセットは５００回ぐらいは聴いたんじゃないかな。その選曲もだけど、ＭＣのキャプテン・ミッドナイトの声にも魅了されたんだよね」。そうやってそれぞれのサウンドに違いがあることや、自分の好みを知っていく。サミーはカセットを通じてサウンドの世界を理解、想像して魅了されていくようになる。

サウンドを始めることになったきっかけを三つ挙げたサミーだったが、レゲエに夢中になった一番のきっかけは「サウンドのカセット、それは間違いない」と断言した。それはアーティスト、作品、楽曲をきっかけにレゲエに深入りして、その後にサウンドの存在を知っていく人が多かった当時には珍しかったとも言える。

サミーは当時から好奇心旺盛だった。同時に「あんまり人が知らないことを知るのが好きだった」。当時にレゲエは知られていても、アーティストに比べるとアンダーグラウンドな存在だったサウンド、それをジャマイカから届いたレアなカセットを通じて知ることもサミーにとっては魅力的だった。

サミーは今でも当時のカセット・テープを持っている。そのカセット・テープが劣化して聴けなくならないようにとスタジオの中で話を聞いている時にもそれをデジタルに変換する作業をしていたりもした。今でもサミーはそれに夢中だった。

改めてサミーに「ゼマとバナナ・サイズ」「ターン・テーブルとボブ・マーリー」、そして「サウンドのカセット・テープ」がサウンドを始めるきっかけになっていることを確認すると「そう、その三つ」と答えた。「全部15歳の頃」。

マイティー・クラウン結成

「カセット」の話をしたぐらいからサミーは過去の写真やフライヤーを資料として持参して来るようになった。サミーは想像以上に集中力が高く、真面目だった。待ち合わせに遅刻したことも一度もなかった。何週も続いたインタヴューに飽きる様子もなかった。曖昧な記憶は「調べておく」と宿題にした。話したい話がたくさんある様子だった。それを正しく伝えようと努めていた。

「カセットとかで段々と自分達の周りで『サウンドがヤバい』ってなってくると自分達でもサウンドをやりたくなった感じだよね。高校生とかがバンドに憧れてバンド組むような感じに近いんじゃないかな。あと、自分達でやりたかったんだよね、それこそバナナ・サイズのように自分達でパーティーがやりたかったんだ。もうその頃には俺もカセットを参考にしてレコードも買い集めたりし始めてたしね。それでサウンドを始めるんだけど、それが1990年、俺が高校一年の頃かな」。

その初めて結成したサウンドのことを詳しく聞こうとするとサミーは「いやいや、全然そんな『サウンド結成』みたいな感じではなくて、もっと全然遊びの感じ」と笑った。「ただそうしたみんなと遊ぶのが楽しかった感じ。いろんな奴がいたし、サウンドとかクルーと言うよりも、なんて言ったらいいのかな……、もっとフワっとした感じの集まり」と説明した。

ただ、そのフワっとした集団のままにサミー達は実際にサウンドとしてイヴェントも実施していた。横浜では知られたスージーにも出演していた。しかし、それも「全然ガキの遊びって感じ。スージーはレゲエのバーみたいなクラブだったけど、ガキだった俺達にもよくしてくれたんだよね、俺達が求めていた夜の遊び場を提供してくれた感じ」とその伊勢佐木町にあった名店には感謝をしつつ、改めてサウンドとしては決して本格的に活動していなかったことを強調した。

サミーはバナナ・サイズやスージーだけではなく、その当時に出会ったり、世話になった先輩や人達に対しての感謝の気持ちや想いをよく口にした。当時の横浜には詳しくはない自分に「アソコのビルの二階にアメフトの店があったでしょ？　そこの人がさ」とレゲエ関係以外の全く知らない人達との出来事やエピソードを全ての説明を省略したままに一方的に話した。ただサミーはそれを詳しく理解することを自分には求めてはいなかった。ただそうした当時の人達の存在やその助けによって自分が現在に存在できていることを正しく理解してもらいたい様子だった。「あの頃に世話になった」とサミーが言う人達は横浜にたくさんいた。その頃の様々な人達との出会いや思い出がサミーの地元、横浜に対する強い愛着や愛情にもなっていた。

そのサミーが話すサウンド、当時のフワっとした集団は「スーパー・ラヴァーズ」と名乗っていた。それを「超ダサい」とサミーと爆笑した。そして、そのスーパー・ラヴァーズを前身にしてマイティー・クラウンは結成されることになった。

マイティー・クラウンはこれまでの活動の中で「周年」を大切にしてきた。その結成から「十周年」「二十周年」「三十周年」と節目ごとに盛大にイヴェントも開催してきた。その都度「俺らは1991年に結成して〜」と熱く客に語りかけてもきた。その1991年の結成がマイティー・クラウンにとって特別なものであることも伝えてきた。だが、しかし、その結成は実際にはフワっとしていた。聞けば実に適当なものだった。

サミーも「それも『結成』って感じじゃ全然なかったよ」と話し出した。「やっぱ『スーパー・ラヴァーズはねぇべ』って名前を変えることにしたんだよ。名前がイケてなかったからさ、それだけ（笑）」。それはサミーの当時の自宅だった。その場にはスティッコもいた。「スティッコはセンジョの同級生、小学校一年の時からずっと一緒。兄貴を除けば一番長い付き合い。もろマイ・メン（親友）だよ」。そのスティッコ達とサミーはスーパー・

ラヴァーズに代わる新しいサウンド名を考えることにした。

新しいサウンド名を「なんとか・クラウン」にすることはすぐに決まった。「クラウン」は当時にカセット・テープでよく聴いていたジャマイカのゲットー・サウンド、ターボ・クラウンから拝借したものだった。そこから「なんとか」の部分を決めることにした。ただ、それもサミーが冗談で「レインボー・クラウンは?」と言うのをスティッコが即座に却下して笑い合ったりしてなかなか決まることはなかった。その時にサミーは置いてあったレコードにヒントを求めることにした。いくつかのレコードを手にする中でそこに書かれていた言葉にサミーは「ピンと来たんだ」。それはジュニア・リードのLPだった。レコードの裏にはクレジットなどと共に「スペシャル・サンクス」として文言が掲載されていた。それは「Give Thanks to The Almighty Father」で始まるものだった。その「Almighty=全知全能」の「Mighty=強大」の部分からサミーは「マイティー・クラウン」と提案した。「レインボー」とは違って今度は全員がそれに賛同した。それが「マイティー・クラウン結成」を意味していた。それだけの話だった。その場にはマスタ・サイモンすらいなかった。「兄貴には電話して『名前変わったから』と伝えたんじゃなかったかな」と実に雑な話だった。特別なストーリーを期待していたことをサミーに伝えると、「『マイティー・クラウン』は完全にヴァイブスで決まった名前」と笑いつつ、「でも、その意味と響きは最強と思っていたよ」と満足そうだった。
改名をきっかけにサウンドとしての活動が変わったわけでもなかった。まだフワっとしていた。サミーは「だってさ、言っても俺やスティッコも高校二年とかで学校にも行ってたし、俺もサッカー部を続けていたし、スケートもやってたからさ」とスーパー・ラヴァーズ期とは変わることなく引き続き「ガキの頃の遊びの感覚」だった。「その時にマイティー・クラウンが30年も続くことになるなんて全く思ってなかった。他の誰も思ってなかった。そんなこと誰も思えるはずがなかった」とサミーは笑った。

「マイティー・クラウン」。その1991年の結成時のメンバーを確認した。サミーは「いろいろな奴がいたりもしたから人によって挙げるメンバーは違うのかもしれないんだけど、あくまでも俺の中での結成時のメンバーになるけど」と前置きしつつ、以下の名前をあげた。
マスタ・サイモン。当時はMCではなくDeeJay。

ジェフ・アイリー。ジェフリーのセレクター名。

スーパー・クリス。当時からシンガー。

スティッコ。当時はDeeJay。後にファイヤー・ボールに加入する。

ミツ。「その後にすぐにロスに行っちゃうんだけどね」。後にジャム・テック、現在にビガ・Cとしてユニティー・サウンドで活動するセレクター&MC。センジョではサミーの一学年先輩。

チェンジマン。ドイツ人とのハーフのDeeJay。「家の近所で知り合った同じ年の友達」。初めて聞いたチェンジマンをサミーは「見た目も立ち振る舞いも超ラガだった」と言い、そのすぐ後には亡くなってしまっていることも話してくれた。「亡くなった理由はわからない。奴とはよくつるんでたからショックだったけど、亡くなった時に奴の親父に『お前らみたいなのと付き合っていたから息子は死んだ』みたいなことを言われたのもショックだったんだよね」。

そして、サミー。ただサミーは当時はまだセレクターではなかった。マイティー・クラウンの最初のメイン・セレクターはジェフリーだった。サミーはそのジェフリーのアシスタントのような立場だった。「ジェフリーの横で電話機みたいな形をしてたエフェクトをピュンピュン鳴らしていたり、MCとかもやらされてた。MCと言ってもカセットで覚えたようなパトワをそのまま真似して言ってたぐらい。全然意味なんてわかってなかったから、パトワで『ディビディビ（Dibby Dibby）』ってダサいとかイケてないって意味じゃん？　それすらわかってなかったから、自分達のDeeJayを盛り上げなきゃいけないのに『Dibby Dibby DeeJayだぜ！』とか言っちゃって、自分の仲間を超ディスってた（笑）」。

「あと、その頃はDeeJayもやらされていたんだよ」。そのDeeJay名はワイルド・モンキー。「野生の猿」。それを「いや、自分じゃないよ、周りからそう付けられたんだよ」と笑うが、その名前にサミーが当時に周りからどう見られていたのかも伺い知れた。

マイティー・クラウンが結成された時には他にも仲間達はいたと言う。「CJやいろいろな奴がいたけど、俺の中ではこのメンツになるかな」と、あくまでもサミーにとっての結成メンバーであることを確認した。

「ジュンは？」と聞くと「その数ヶ月後ぐらいかな」。ジュンとは後にファイヤー・ボールを結成するジュン・4・ショット。当時からDeeJayだった。サミーの一つ下の従兄弟で関係は近かった。

「当時ってサウンドってラバダブが主流だったじゃん?」とサミーの言う通り、当時のジャマイカのサウンドにはMCとセレクター以外にシンガー、DeeJay達が所属して、レコードでのプレーとは別にレコードの裏面に収められたインスト・ヴァージョンに合わせてパフォーマンスを披露するのが主流だった。その同じインスト・ヴァージョンに合わせて次々とマイクを回し合い、奪い合いながら即興でパフォーマンスするスタイルを「ラバダブ」と呼んだりした。「メトロ・メディアにピーター・メトロが所属していたようにサウンドにはアーティストも所属していたでしょ?」。マイティー・クラウンもそれに倣った構成だった。全員で集まってバンドとかの練習で使われるようなスタジオを借りて練習を重ねた。その時にも手本となったのはカセットだった。「モノマネだよね。当時はみんなそんな感じだったじゃん? でも、俺達はイケてるって勝手に思ってたよ、まだなんもやってもないのに。今から思うとホントにヒドいもんだよ。その時はなんかそんな気持ちでそれっぽい態度とか取ってたけど、全然そんな人前なんかでやれるレベルじゃなかったよ(笑)」。

ただ、それでも人前で活動していた。マイティー・クラウンとしての初の活動も他から呼ばれたイヴェントだった。「それに合わせて改名することにしたんじゃなかったかな?」。ただ、それは所謂サウンドのイヴェントらしいものでもなかった。「当時に『ダンス甲子園』

（テレビ番組企画）って人気だったじゃん？　なんかそういうダンスをメインにした日吉のイヴェントだったんだよね。会場のサウンド・エムもクラブではなくて、ゲーム大会もあってその合間にプレーする感じだったんだよね。他にも学園祭とかに知り合いから声掛けてもらったりしてた」。

引き続きスージーにも出演していた。そのスージーではサミーが「同じ時期に横浜で始めていたサウンド」と話すキング・ウェポンと出会っている。一緒に横浜を盛り上げてきた戦友みたいなサウンド。キング・ウェポンにはDeeJayのH・マンやシンガーのムーミン、亡くなったMCのバカ・マン等が所属していた。当時にそのスージーでキング・ウェポンを相手にしたサウンド・クラッシュがマイティー・クラウンにとっての初のサウンド・クラッシュになった。サウンド同士が対決するサウンド・クラッシュもサミーはカセットを通じて知っていた。また、当時にはバナナ・サイズともサウンド・クラッシュをしていた。ただ、サミーは「全然そんなクラッシュって感じじゃないよ。相手もそうだったけど、クラッシュみたいなゲームをして遊ぶような感じだったからさ」とも話した。

「そうしたクラッシュの時は一応『VS＝対決』みたいにはなってたけど、当時ってサウンド・クラッシュもラバダブの時代で、サウンド同士でお互いのパフォーマンスを見せ合う感じだったじゃん？　もっとエンターテイメントみたいな感じで、まだ今みたいなダブとMCで『KILL＝殺し合い』みたいな殺伐とした雰囲気じゃなかったじゃん？　バナナ・サイズとクラッシュした時もジュンがバナナ持って来てバナナ・サイズに向かって『喰っちゃうぞ〜』みたいなパフォーマンスしたりしててさ、それを怖かったパパ・ユージが笑っちゃっているぐらいで、全然そんなクラッシュな感じではなかったんだよ。もう、なんか先輩達に遊んでもらったぐらいの感じだったよ」。

そうしたサウンド同士の交流からもマイティー・クラウンは徐々に他のサウンドのイヴェントにも呼ばれるようになった。当時の他の横浜のサウンドではセヴン・スターの名前を挙げた。「DeeJayのシンノスケとかのサウンドね。あいつはスターだったよね」。横浜や湘南のローカル・シーンで少しずつ名前が知られていくようにもなってきたマイティー・クラウンは当時にジーン・ジニーをその活動の拠点にしていた。「他でもやっていたけど、ジーン・ジニーが俺達のホームだったかな」。ジーン・ジニーはランキン・タクシーが日本で初めてサウンド・システムを稼働してイヴェントを開催したとされる寿町のライヴ・ハウスだった。夜中のクラブではなく、それより早い時間帯にライヴ・ハウスを拠点にしていたのは彼らが未成年だったことも理由だった。そこに集まる客は知り合いばかりだった。「ライヴ・ハウスからのノルマのチケットを友達に買ってもらってた。スケートの友達とかね。その友達がまたその友達を連れて来てくれる感じだったかな。イヴェントと言うよりも当時の『ダンパ（仲間内で行うダンス・パーティー）』、身内のパーティーって感じ。まだまだ全然、ホントに横浜の超ローカルなシーンでちょっとだけ知られていたぐらいだったよ」。

サミー・T

その頃にサミーは「サミー・T」と名乗り出している。その「T」は本名・苗字の頭文字のイニシャルを意味していただけではなかった。サミーは「苗字からのTもあると言えばそうなんだけど、Tを最後に付けた時の『サミー・T』っていう呼び方や響きとしての収まり方が気に入っていたのもあった。あと、これは後付けっぽくなるんだけど、Tがターン・テーブル（Turntable）、それを操るテクニック（Technique）、それに長けたテクニシャン（Technician）を意味していたりもして、それぞれの頭文字のTだったりもするんだよね」。そしてその「サミー・T」と名乗り出したぐらいにサミーにセレクターとしての自覚が芽生え始めてもいた。

サミーが「サミー・T」としてマイティー・クラウンのセレクターに専念し始めたのは高校三年の時。マイティー・クラウンが結成されて約一年が経った頃だった。それにはメイン・セレクターのジェフリー、そしてマスタ・サイモンの年長組が不在となる期間があったことが理由だった。年長組の二人はセンジョを卒業して留学していた。二人は夏と冬の大学の休みには帰国してマイティー・クラウンの活動に参加していたが、二人が留守の期間はサミーがセレクターとして、また中心となってマイティー・クラウンは活動していた。「全然まだまだだったけど、それでも横浜では少しずつ名前も知られてくるようになってきて、イヴェントにも少しずつ客も入るようになってきた。現場で自分でレコードを回せるようになると楽しくなってくるんだよね」。年長組の二人が不在の期間も自身が中心となってマイティー・クラウンを続けていく、引っ張っていく気持ちはあった。ただ、それ以上にそうして自分でプレーしていけることをサミーは楽しんでいた。

そして、この時期にサミーはそれまでのマイティー・クラウンとは別に取り組んでいたサッカーとスケートを辞めている。マイティー・クラウンとして活動すること、サウンド・マン、セレクターであることが「俺の中でのメインなもの」へと変わっている。

サッカーに関してはサミーは部活のキャプテンを務めていた。ただ、それを「コーチと喧嘩して辞めた」。サミーは「だってさ、それまではウチはイングランド式で良い結果も残していたのにそいつがそれを変えやがってさ」と色々とサッカーの戦術のことを説明してくれたが、サッカーに無学な自分がわかったことは、サミーがその新任コーチとの考え方の違いを理由に部活を辞めたことだけだった。

スケートに関しては愛用のボードが折れたことで「心も折れた」。「ボードも高いし、スケートって結構金がかかるんだよ。あと、新しいボードを買い直すよりも買いたいレコードが山ほどあったしね」。

その時のサミーはサッカーもスケートも「どっちもやり切った気持ちもあったんだよね」。どちらも少年時代から打ち込み、プロを意識して取り組んでいた。それに近いレベルでやれているつもりもあった。ただ、その頃にはその限界も感じていた。「どっちも上には上がいる、これ以上は上手くはなれねぇ〜って思っちゃったんだよね」。しかし、それだけではなかった。当時のサミーにはそれ以上にサウンドが魅力的なものにもなっていた。

「サッカーとスケートってフィジカル（身体を使うもの）なんだけど、サウンドにはそれとは違う遊び方や楽しみ方があったんだよね。サッカーやスケートには戦術やラインを読む想像力は必要なんだけど、サウンドにはそれとはまた違う想像力が必要だったり、頭を使ったりもして、それが楽しかったんだよね。あと、自分が中心になってプレーできるようになって楽しくなってたし、サウンドを通じて夜の世界を知るのも楽しくなっていたし、色々とタイミングが合ったのもあると思う。あとさ、サウンドに関してはサッカーやスケートみたいにはわかっていなかったし、わからなかったんだよね。パトワだってわからないし、とにかくわからないことだらけだった」。マイティー・クラウンは始まっていた。

ただ、サミーはサウンドをわかってなかった。その「わからない」ことが魅力的だった。「わからないということが面白かったんだよね。わからないから興味が増す、わからないから知りたい、少し知ったらもっと知りたいって思ったりしてさ」。そして、サウンドにはさらに魅力があった。「サウンドに関してはなんもわかっていなかった分だけ自分の限界みたいなものもわからなかった。サッカーやスケートは自分の限界が見えちゃったからね。でも、サウンドに関しては自分がどこまで行けるのかが全くわからなかった。その『未知の世界』に引き込まれたんだよね。あと、サッカーやスケートとは違ってサウンドをやっている奴も少なかったから、もしかしたらサウンドだったら自分は（上に）行けるんじゃないかなっていうのもあったかな。いや、そんなプロになれるとかはまだなかったけど、サウンドなら俺も認められるんじゃないかって言うかさ」。

「認められたかった？」と確認をすると、サミーは「そう、認められたいんだよ。みんなそうじゃん？　俺は人から認められたかったんだよ。ガキだったのもあったかもしれないけど、でも、何をやるにしても認められたいじゃん？　なんもわかってなかったけど、サッカーやスケートよりも自分の可能性を感じられたんだよね。あと、サウンドがそんなに知られていなかったのもあったかな、人と同じことをするのが嫌って言うか、『右向け右』って言われても左を向くような性格だからさ」。

山下公園。スケート時代。
左下がサミー。右下はクリス。

サミーとクリス。ジェフリーとクリスの実家の二階の溜まり場。

練習スタジオ。ドレッドはサイモン。
真ん中はミツ。右端がサミー。

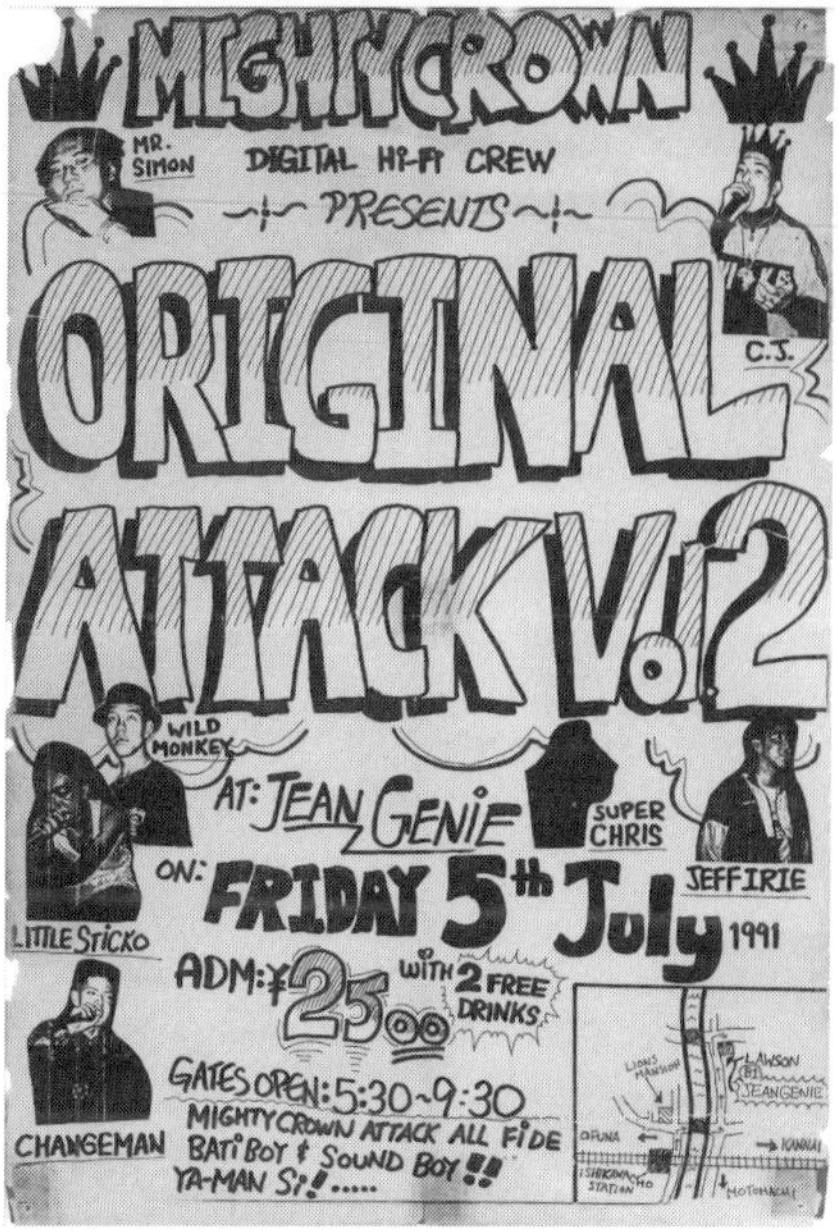

CHAPTER 2

NEW YORK 1992

ニューヨーク留学と「引いてはいけない」とタカ

1992年。9月にセンジョを卒業したサミーはペース・ユニヴァーシティに留学する。サミーによると通っていたセンジョでは卒業すると海外の大学に留学することが「普通のコースだった」。もともとセンジョが9月始業だったり、英語を主体とした教育の学校だったこともあったが、センジョからは日本の一部の大学や学部にしか進学できなかったのも理由だった。サミー自身も留学することを「普通に思っていたよ」。兄のサイモンも既にロサンゼルスの大学に留学していた。ただ、サミーがペース・ユニヴァーシティに進学することになったのは「選んだわけではなくそこにしか行けなかった」。サミーの成績ではその選択肢しかなかった。「もう成績が悪過ぎて(笑)」。ただ、そのペース・ユニヴァーシティがニューヨークにあったこと、それも郊外ではなくマンハッタンにあったことをサミーは幸運に思った。「だってニューヨークだよ? ジャマイカに次ぐ本場じゃん?」。

サミーは17歳だった。ニューヨークでは大学の敷地内の学生寮に入ることになった。「初めて一人になったし、それも海外暮らしだったし、寮でもいきなり知らねぇ奴と同じ部屋だったし、なんせ当時のニューヨークだったから最初は不安だったよね。英語は話せたからその不安はなかったけど、あの当時のニューヨークは怖かったからさ。あと、英語が話せたり、話している意味がわかる方が怖かったりするんだよね」。

サミーが渡った1992年はニューヨークが過去最悪の殺人件数を更新している真っ只中だった。ルドルフ・ジュリアーニが市長に就任して凶悪犯罪の撲滅と治安改善に着手したのは1994年からだった。マンハッタンも荒れていた。現在は観光地化しているタイムズ・スクエアもポルノ店や如何わしい店が散在していた。24時間運行している地下鉄も落書きだらけで特に深夜の利用は控えるべきだった。街中に犯罪が溢れていた。暴力もドラッグも溢れていた。誰もが犯罪に巻き込まれる緊張感があった。日本からの観光客は犯罪の標的にされ易かった。サミーもそれに怯えた。「実はスゲぇビビリなんだよね。いや、そんなことねぇだろって言われるかもしれないけど、ちょっとしたことでも結構怖いんだよ」。

意外にもサミーはビビリだった。ただ、それ以上にサミーは好奇心が旺盛だった。「毎日授業が終わるとストリートに行ってた。もう、ビビリながら出歩いてた。あんまり寮にもいなかったかな。やっぱ刺激的だったからさ、HOT97（ニューヨークのヒップホップ専門FMラジオ局）やダンスホール・レゲエのカセットを爆音で流して走る車を見てワクワクしたよね、『やっぱニューヨーク違うなぁ』って」。

ビビリを克服させていたのは好奇心だけではなかった。「『引いてはいけない』、そう思っていたんだよね」。それは「逃げてはいけない」という意味かと確認するとサミーは「少しニュアンスが違う」と答えた。「『逃げてはいけない』ではなくて、『ひるんじゃいけない』みたいな感じかな」とさらに説明した。

「結局さ、大学もニューヨークに行く口実だっただけで、ホントの目的はサウンドだったんだよね。レゲエの本場はジャマイカだし、キングストンなんだけど、ニューヨークもそうじゃん？　ロンドンもそうだけど、ロンドンよりもニューヨークで、特にサウンドに関しては当時はニューヨークじゃん？　その本場に俺達の中で行っている人はその時には誰もいなくてさ、俺が最初だったんだよね。だから、俺がその本場を開拓していかないといけないと思ってた。その本場のニューヨークの黒人達のエリアや未知の世界に行くと色々とビビるような場面に出喰わしていくことになるんだけど、そうした時にもそれにひるんじゃいけない、そこでひるんでたらそれ以上には行けないって思ってたんだよね」。

そして、サミーは「そのこともあったかもしれない」と話を続けた。それはサミーがニューヨークに渡る直前に起きた出来事、サミーが「いや、事件じゃなくて大事件だよ」と話した出来事だった。

1992年7月。サミーは本牧のレゲエ・クラブ、プラネットでプレーをしていた。そこには夏休みを利用して留学先から一時帰国していたサミーの先輩のタカも遊びに来ていた。「タカは誰からも好かれた格好良い先輩。ストリート、ストリートでの遊び方、今思うと色々と俺に伝授してくれた先輩だった。よく一緒につるんでいて俺のこともすげぇ可愛がってくれて俺もタカのことがすげぇ好きだった。タカはサウンドも好きで、タカ・Dと言う名前でDeeJayもしてたんだ。タカもマイティー・クラウンにも入りたがっていたし、実際にそんな話も出ていたりもしていた時のことだった」。そのタカはその夜に殺された。タカはサミーの目の前で殺された。タカが殺されるきっかけになったのはサミーだった。

「俺がプレーしていた時に二人組の男達が俺に向かって文句みたいなことを言っていたらしいんだ。そうした二人組がいたことは俺も少し気付いてはいた。ただ、クラブで中は暗いからよくは見えないし、ブースの中でプレーしているからその二人が何を言っていたのかは俺には聞こえてなかった。で、それを見ていたタカがその二人をクラブの外に連れ出したらしいんだ。二人が俺に対して言っていたことにタカはムカついて、二人を外に連れ出して殴ってクラブから追い出したらしいんだ。で、その後にタカはクラブに戻るんだけど、少ししてからその二人も戻って来たんだ、手に長い包丁みたいなのを持って。そんで、その包丁で二人はタカをめった刺しにしてそのまま逃げたんだ。クラブの中はパニックだよ、俺も何が起きたかは最初はわからなかった。ただ、クラブの電気（照明）が付いたら床が血の海になってて、そこにタカが倒れてた。すぐに病院に運ばれたんだけど、そのままタカは亡くなっちゃったんだ。その犯人の二人はその後に自首して捕まったんだけど、二人がその時にはシャブ（覚醒剤）やってたって聞いた」。自分もその事件はその翌朝のテレビのニュース番組で見た。知ったクラブだったことで驚いた記憶があった。

「いやぁ、もうショックなんてもんじゃなかったよ。言葉を失ったし、しばらく立ち直れなかった。タカが殺されたこともだけど、そのきっかけが俺だったこと、タカが俺をかばってくれようとしたことで俺の目の前で殺されたことはやり切れなかった。犯人がシャブ中だったこともさ。あと、その場にはいなかった先輩から『てめぇ、仲間も守れねーのかよ！』と言われて後から大揉めしたりもした。こっちからすると『その場にいなかったくせに！』だったし。その先輩はロスに移住してたのもあるけど、連絡も取らなくなって会わなくなった。色々あったけど再会してからは意気投合して今でも付き合ってるけど。とにかくさ、もうそのタカが殺されたことは事件なんてレベルではなくて大事件だったんだ」。

「それがちょうど俺がニューヨークに行く直前の出来事だったこともあって、ニューヨークに行ったらそのタカの分までやらないとみたいな気持ちは俺の中にあった。俺のことを買ってくれていた先輩の分、その先輩もやりたかった分も俺がやらなきゃ、俺がブチかまさなきゃって勝手にどっかで思ってた。もっとマイティー・クラウンをナメられないようなレベルにしないといけないと言うかさ、俺のせいにも思ったりもしてたからさ。そういうのもあって、『引いてはいけない』、ビビってる場合でもひるんでる場合じゃねぇって気持ちにもなっていたとも思う、そうさせてくれたって言うかさ」。

サミーは一気に話し終えてから、「この話はあんまり話したいことではなかった」と言った。それは亡くなったタカのことを思ってのことだった。ただ、そのタカの存在と事件が当時のサミーの気持ちを後押ししていたこと、それが事実であったこととして話すことにしたと説明した。

フラッシュ・バック・ジャパン

「サウンドはわからないことばっかりだったから面白かった、わからないことを知りたかったって言ったでしょ？　それを知れると思ったんだよ、それを知りたくてニューヨークに行ったんだよ。自分がずっとカセットで聴いてきた世界、それでしか知れなかった本物の世界があるわけじゃん？　だから、俺はサウンドのことのためにニューヨークに行ったんだ」。

しかし、ニューヨークに渡ってもそれを知る術をサミーは持っていなかった。ネットも存在していなかった。確認するとそうした情報が掲載された当時の雑誌もサミーは読んでいなかった。「いや、本や雑誌は全然読まなかったからさ」。当時に日本で発行されていたレゲエ専門誌『レゲエ・マガジン』にはニューヨークを拠点としていた山口直樹（レゲエDeeJay・ナーキ）によるニューヨークのレゲエ情報の連載コーナーも掲載されていたが、それも見てはいなかった。「いや、『レゲエ・マガジン』、あと『リディム』、そういう雑誌の存在は知ってたよ。でも、ちゃんと見たことはなかった」。

サミーにはその当時の『レゲエ・マガジン』を見せた。ニューヨークのレゲエ情報が掲載されているページを開いて見せた。するとサミーは「へー、こんなの載ってたのは全然知らなかったな」と興味深く見入り、そのまま雑誌を手にして他のページも見始めた。そこに掲載されているジャマイカからのアーティストの来日公演やフェスの告知を見て「こんなのやってたのも全然知らなかったな」と言った。それを聞いてサミーに問いた。サミーはこの時代のことを話す時によく「当時は日本では全然レゲエは知られてなかったじゃん?」と話していたのもあって、その当時に実際にどれだけ多くのアーティストやサウンドが来日をして、公演やツアーしていただけではなく、「レゲエ・ジャパンスプラッシュ」他のレゲエ・フェスが毎年開催されていたことや、日本人のアーティストでもメジャー・

レコード会社からデビューしていたり、サウンドも存在してクラブ・カルチャーの中で精力的に活動していたこと、何よりも90年代の「レゲエ・ブーム」の真っ只中であったことを説明して、「レゲエが知られてなかったと言うのはおかしい、もしかしたら現在よりもレゲエは知られていた」と話し、それを当時のサミーが知らなかったはずはなかっただろうと問うた。すると、サミーは手にしていた雑誌をテーブルに置いて「いやさ、言っても、その頃って高校生だったからさ」と答えた。

「『レゲエ・マガジン』や『リディム』をちゃんと読んだりしていなかったのは、俺が本や雑誌を全く読まなかったからなんだけど、あと、高校生って、まだ行動範囲が限られているじゃん？　金もそんなに無いしさ。家も学校も横浜だったから基本は横浜にいて、そんなにあちこちに出掛けたりもしてなかったからさ。東京にレコードを買いに行くことはあったよ、でも、東京のクラブにはそんなに行ってなかった。周りでレゲエのことを教えてくれる人もいなかった。とにかくカセット、サウンドのカセットを聴いて、それで知った曲のレコードを自分で探して買うって感じだった」と話し、そのまま会話は脱線した。

「当時は今みたいにGoogle先生やShazam先生もいなかったしね。俺には教えてくれる人がいなかったのもあるけど、俺は基本として人には聞かなかった。そういう性格なのかもしれない。レコード屋に行って自分で探す以外に方法はなかったけど、そうやって探していたものを見つけたり、店で他の人がレコードを流していて『あっ！　探していたやつだ！』ってこともあったけど、自分で探すことでの喜びがあるんだ。今は本当に便利な時代で俺も先生達のお世話になっているけど、先生たちに頼るだけではなく自分でディグる（探す）のも良いと思うんだ。先生達でも検索してもヒットしないこともあるしさ」。

サミーは当時にジャマイカのアーティストの来日公演にも行ったことがなかった。自分がカセットやレコードで知ったアーティストを実際に見たいとは思わなかったかと問うと、サミーはまた「いや、だから高校生だったからさ、金もないからチケットなんて買えないじゃん」と答えた。ただ、「でもね、『ジャパンスプラッシュ』は知ってたし、行ったことあったよ」とも答えた。ただ、サミーが行ったのはその公演ではなかった。ただ、それでもサミーにとっては「プライスレスな思い出」になっていた。

1991年に横須賀で開催された「レゲエ・ジャパンスプラッシュ」には多くのジャマイカのトップ・スターが来日した。「レゲエ・サンスプラッシュ・イン・ジャパン」をスタートに翌1986年からは「レゲエ・ジャパンスプラッシュ」として開催されていた野外レゲエ・フェスは年々拡大し、この1991年からはそれまでの東京・よみうりランドから横須賀の特設会場へと会場を変更して数万人の観客を動員するまでに発展していた。

サミーはその時にアーティスト達が宿泊するホテルの情報を入手して、「ジャマイカのアーティストを一度生で見てみたかった」とそのホテルに向かい、そのロビーで公演を終えて戻ってくるアーティスト達を待つことにした。その時のサミーの一番の目当てはスーパー・キャットだった。サミーはその時代を代表するハードコアなダンスホールDeeJay、トップ・スターのファンだった。しかし、多くの他のアーティスト達と接することはできたが、スーパー・キャットはなかなか戻ってこなかった。サミーはそのままホテルのロビーのソファーで寝落ちしてしまった。

「いやぁ、よくホテルの人が起こさなかったと思うよ（笑）。そのままずっと寝ちゃってさ、そんで目が覚めたらビックリしたんだよ。だって俺の横にスーパー・キャットが座ってるだもん（笑）。そりゃビックリするでしょ、スーパー・キャットだよ？　いや、もう何を話したかはよく覚えていない、でも自分がサウンドやっていることは話したんじゃないかな。そりゃ、めっちゃ嬉しかったよ。今でも覚えているもん。今でもあの時のホテルの人達には感謝してるよ（笑）」。

「ナーキさん（「レゲエ・ジャパンスプラッシュ」に毎年出演していた唯一の日本人アーティスト、DeeJay）のことは知ってたね。でも、ミュート・ビートやPJ、他の日本人のアーティスト達はもっと後から知った感じ。ランキンさん（ランキン・タクシー）は勿論知っていたよ。でも、俺はランキンさんのタクシー・ハイ・ファイは通過していない。当時ってさ、東京（のサウンド）と横浜（のサウンド）って仲悪かったじゃん？　そうそう、お互いに川（多摩川）を越えない暗黙のルールみたいなのがあったりしたからさ。当時の東京のサウンドと言うと俺の中ではマッシヴの印象かな。それはバナナ・サイズがマッシヴとサウンド・クラッシュするのを新宿に見に行ったりしてたからなんだけどね。あと、アーティストだと浪花男かな、人気あったしね。ケンちゃん（ボーイ・ケン）はもう少し後かな、ケンちゃん達が所属していたＶ・Ｉ・Ｐ（Ｖ・Ｉ・Ｐ ハイ・パワー・サウンド）ももう少し後からだったよね？　Ｖ・Ｉ・Ｐはヤバかったよね。サウンド・システムも持ってたし、７インチのレーベルもやってたよね」と記憶を思い出すように話し、そのまま大阪の話もした。

「その頃ってレゲエは東京よりも大阪って感じだったじゃん？　それを視察じゃないけど、大阪に行ったこともあった。その時はホントはトクの家に泊めてもらう予定だったけど、トクの紹介でクリリンの家に泊めてもらうことになった。でも、クリリンは後からトクに文句言ってたみたい、俺の態度が悪かったらしくて怒っていたんだって（笑）」。

　大阪は当時からレゲエが熱い街。心斎橋のアメリカ村を中心に幾つものレゲエ・クラブやレコード店が点在。アーティストも多く、サウンドも多く存在して現在も最もレゲエが盛んな街。世代を超えてレゲエが受け継がれている日本最大のレゲエ・タウン。

「大阪はレコード屋も充実していたし、ラブリッシュ、セント・アンズとかのレゲエの専門のクラブの雰囲気も良かった。まだ行ったこともなかった時だったけど、なんかジャマイカみたいな感じもした。当時の大阪のサウンドだとブレイン・ウォッシュ・クルーだね。ブギー・マン、ドラゴン・ターボ、ダメ・Gとかがアーティストで所属していたけど、ブギー・マンの関西弁のDeeJayが印象的だったね。オリジナルって言うか、当時はジャマイカのモノマネが多い時代だったから『こんな人がいるんだ⁉』って驚いた。あとは、やっぱりクリリンだね。その当時のサウンドはみんな現場を盛り上げたり、雰囲気を作るのが上手かったんだけどクリリンは特に上手かった。MCでパトワも使ったりしてて。クリリンにはどうやってパトワを覚えたのかも聞いたと思う。後からそれがデタラメのパトワだったってわかるんだけど（笑）。でもね、それでもクリリンは間違いなくあの時代のスター、大阪だけじゃなくて日本のシーンのスター。クリリンが与えた影響は相当デカイと思うよ」。

草とロウワー・イースト・サイド・レコードとレヴレン・バドゥ

サミーは想像していたよりもわかってなかった。当時に日本に伝わっていたジャマイカやニューヨークからの情報も、日本のシーン状況もそれほど知らなかった。レゲエもアーティストや作品をその年代や体系的にも聴いてもいなかった。カセットで聴くサウンドのプレー、それで知る曲とアーティスト、それこそがサミーにとってはレゲエの全てだった。サミーはそのままにニューヨークへと渡っていた。そのニューヨークでの本場への入口を探していた。そのサミーが最初に頼ったのは「草」だった。草は大麻（ウィード、ガンジャ）を意味した。

「草はね、横浜にいた時から吸ってた。いやぁ、もう時効ってことで（笑）」。最初は海外から帰国した先輩に勧められたのがきっかけだった。「15歳の時。単なるガキの好奇心」と聞けばレゲエやラスタファリズムからの影響では無かった。それからサミーはアルバイト代をレコードと草に使い始めた。

「当時のニューヨークはストリートに出ると『ウィード！　ウィード！』って売っている奴もいたし、デリとかで聞けば草を買えるところを教えてもらえたりもした。勿論、その当時は草は違法だったけど、当時のニューヨークはハード・ドラッグが蔓延していて草は全然大したことない感じだった。で、その草の情報からレゲエのレコード屋の情報も入ってくるんだよね。当時のマンハッタンってレコード屋は色々とあったけど、どこも俺が欲しいジャマイカのレコードやカセットは置いてなくて、レゲエ専門のレコード屋も少なくて、あってもレコードよりも草を売っているところもあったんだけど、そういう草を通じてそうしたレコード屋を知って行くようになるんだよね」。

呆れた様子でサミーを見ると、「いやいや、ホントだって。だって、その草がきっかけになるんだもん」と真顔で言い、その「きっかけ」の話をする前に草でやらかした話をした。

「大学に一人だけ日本人の子がいたの、カナコっていうノリが良い子だったんだけど、日本語で話せる相手でもあって仲良くしてたんだ。で、その子と寮の部屋で草吸ってるのが見つかっちゃったんだよね。誰かにそれをチクられてさ。そんでドアをガンガン叩かれて慌てて窓から投げ捨てたんだけど結局バレちゃった。その罰として二人で寮の掃除とかさせられたりしたのは今では笑える思い出なんだけど。まぁ、もともとその寮に自分が合わなかったのもあるんだけどね。カナコは今も元気にしてるかなぁ（笑）」。

ロウワー・イースト・サイド・レコード。サミーは草を通じてこのレゲエのレコードやカセットを販売していたマンハッタンの店を知る。

「当時はニューヨーク中が麻薬で汚染されている感じだったけど、セント・マークスとかアヴニューAやBのエリアはクラック・ヘッド（薬物中毒者）だらけで超怖かった。警察も取り締まりに行きたがらないぐらいの少し無法地帯な感じでさ。ロウワー・イースト・サイド・レコードがあるウィリアムズバーグ・ブリッジもそうだった。そこはスパニッシュも多い危険な雰囲気のエリアだったんだけど、そこの橋の上でドラッグをポンプ（注射）している奴に出喰わしたりもしたんだよね。でもさ、それでも行くしかないんだよね。そこに行かないと手に入れられないわけでさ、草も良いモノはそういうところじゃないと手に入らないから、もうビビリながら行くしかないんだよね」。

そのロウワー・イースト・サイド・レコードに通い始めるとサミーは次第に店員とも会話をするようになった。その中でサミーは自分が日本から来たこと、サウンドをやっていることを伝え、ダブを録りたいことも伝えた。その時点ではマイティー・クラウンはダブを録ったことはなかった。勿論サミーはその存在も日本でそれを保有しているサウンドがいることも知っていたが、マイティー・クラウンは一曲もダブを持っていなかった。サミーにとってはダブを録ることは憧れではなく使命でもあった。ニューヨークに行くと決まった時にはサミーは「周りにダブを録ってくるぜ、とか言っちゃってた」。そのための資金、マイティー・クラウンの金もサミーは預かっていた。誰よりも早く本場に入ったサミーとしては早くそのミッションを果たしたかった。「そう言っちゃっていたことで少しプレッシャーにはなってたかな」と録らないわけにはいかなかった。

サミーの話を聞いた店員は誰のダブが録りたいのかとサミーに聞いた。スーパー・キャットやニコデマス、サミーは当時に好きだった彼らが結成した〈ワイルド・アパッチ〉のアーティスト達の名前を伝えた。彼らはキングストンとニューヨークを頻繁に往復、スーパー・キャットはニューヨークも拠点にしていた。それを聞いた店員は「ニコデマスなら友達のアーティストが知り合いだ」と、そのアーティストとサミーをつないでくれた。そのアーティストとはレヴレン・バドゥ、ニューヨークで活動するローカルなレゲエ・アーティストだった。「それまで全然知らなかった」レヴレン・バドゥに連絡をするとサミーはブルックリンに来るように言われた。

初めてのブルックリンとニコデマスと初めてのダブ録り

ブルックリン。マンハッタンからイースト・リヴァーを渡った東側に広がるエリアは現在に「お洒落」「新たなカルチャーの発信地」「高級住宅街」のように伝えられることが多いが、サミーがニューヨークに渡った当時はその開発以前で最悪の危険地帯であった。その重犯罪率もニューヨークの中でも最悪だった。そのブルックリンのスタジオに来るようにとサミーはレヴレン・バドゥから言われた。

ニューヨークのレゲエ・シーンの中心は当時も今もブルックリン。ブルックリン、ブロンクス、クイーンズを含めた「ＢＢＱ地域」にシーンは存在しているが、その中でもブルックリンが最大となっている。ブルックリンには多くのジャマイカ系、カリブ系の人達が暮らし、その人々を対象としたレコード店、クラブ、飲食店も多数存在し、スタジオも複数存在している。そこで話される言葉にはパトワも混在し、天候以外はジャマイカに似た環境の中で人々は暮らしている。それがシーンの基盤となっている。そして、その環境がジャマイカからのアーティストやサウンドの活動の場にさせている。ビザの問題はあるが、時差もほぼなく、キングストンからは飛行機で約四時間強という距離感もそれを容易なものとしている。

特にジャマイカのアーティストにとってはニューヨークは世界へと発信するための重要な街でもある。そのためのレコード会社もメディアも存在している。ネットや配信が存在していなかった時代はそれらのニューヨークのレコード会社とメディアが彼らの曲や作品、存在を世界へと届ける役割を果たしていた。

サウンドにとってもニューヨークは重要だった。ジャマイカよりもその活動には規制が少なかった。サミーがニューヨークへと渡った当時、その90年代初頭のジャマイカ・シーンは「バッド・ボーイ・チューン」「ガン・チューン」と呼ばれた不良賛歌な攻撃的で暴力的なダンスホール・チューンが人気を集めていた。「スラックネス」と呼ばれる性的な内容の楽曲も過激さを増し、性差別的な楽曲も溢れていた。それがプレーされるサウンドの現場もその曲の歌詞と同様に荒れていた。ジャマイカ政府と警察の現場への取り締まりの厳しさも増していた。イヴェントが止められることも多かった。ニューヨークはそれを補填できる活動の場ともなっていた。また、ニューヨークのギャラの基準、アメリカのドル・外貨での支払いはジャマイカのアーティストやサウンドにとっては大きな魅力にもなっていた。ニューヨークにもサウンドは多数存在していたが、そうしたジャマイカのサウンドもニューヨークで頻繁に活動することで当時にニューヨークのサウンド・シーンは隆盛を極めていた。特にブルックリン、そして特にサウンド・クラッシュにおいてはブルックリンは当時の中心地にもなっていた。

サミーはレヴレン・バドゥに言われて初めてブルックリンに行くことになった。「周りからも絶対にブルックリンには行くなって言われてたよ。危な過ぎるって。でも、行くしかないんだよね、行かないとダブが録れないんだからさ」。指定されたスタジオに向かうのにサミーはタクシーで行くことにした。それが一番安全に行ける方法と考えた。ただ、サミーだけでなく、その運転手もビビっていた。運転手はその自身の黄色い車がそこでは売上を積んだ車として目立つことへのリスクをとっくに知っていた。その「超嫌がっていた」運転手を口説いてサミーはマンハッタンからイースト・リヴァーを超えてブルックリンへと向かった。

スタジオの場所は「もうブルックリンの奥地、もろ黒人街、それもかなり貧しい感じのゲトーみたいなエリア」にあった。サミーは「金だけ盗られるんじゃないかってずっとビビってた」。その時にサミーは１０００ドルを持参していた。レヴレン・バドゥにも事前に「１０００ドルしかない」と伝えていた。ダブを録るための交渉の仕方も相場も何も知らないままにそう伝えていた。「ダブの録り方もわかってなかったからね」。

レヴレン・バドゥは約束通りにスタジオに現れた。レヴレン・バドゥは約束通りにニコデマスをスタジオに連れて来た。そのずっとカセットやレコードを通じて聴いていたニコデマスに「本物だ！」とサミーは興奮した。そのままニコデマスはダブを録らせてくれた。サミーはその時に四曲録音した。目の前でニコデマスが歌う様子にサミーの不安と緊張は消えていた。「うお〜、マイティー・クラウンのダブを録っているぜ〜！って超アガったね。あと、この時はレヴレン・バドゥのダブも四曲録った。それは最初から言われていたり条件にされていたわけではなかったんだけど、結局１０００ドルで八曲録ったんだ。上出来だよ。当時はまだそれぐらいの値段だったんだ」。

それを録り終えるとサミーは同じブルックリンに在るドン・ワン・スタジオへと連れて行かれた。そこはニューヨークのレゲエ・シーンを代表するスタジオだった。そこではダブをプレート（アセテート盤のレコード）にカット（製造）することができた。「ダブ・プレートって一枚で四曲、表裏に二曲ずつ収録できるんだけど、その時に録った音源で二枚カットしてもらった。ダブ録り代とは別にその製作費とかも支払って、それで自分のものにした感じ。この時のニコデマスのダブがマイティー・クラウンとしての最初のダブ。もう、それから何曲録ったか数えてないけど、一万曲以上はあるけど、この時のニコデマスが最初。そりゃ、もぅ嬉しかったよ」。

この時にサミーは初めて「ダブ録りの流れを知った」。その交渉から始まってダブが実際にプレート（盤）になるまでの行程を知った。「仕組みがわかった感じ。それから交渉も直接するべきか、誰かに仲介してもらうべきかもわかるんだ、それはアーティストによってはジャマイカ人以外だと価格を上げられたりすることもわかったからなんだけど。あと、録る時にはリディムをレコードの裏のヴァージョン（収録されるインストゥルメンタル音源）を使ったり、アーティストが持っているのを使ったりするとか、そういうのを一つ一つ知っていった感じ。お金を払う時もアーティストの前で一緒に札を数えながら渡さないとダメとかもね、まとめて渡すと『足りない』って言われたりしてさ、何度も数えて渡したのに『一枚足りない』って言われて結局払わされたりしたこともあった。でも、この時に初めてダブを録る仕組みとか流れ、プレートになるまでの工程を初めてわかったんだよね。ホントにそれまで何も知らなかったから」。

サミーはそのダブを持って寮の部屋に帰った。ただ、その部屋にはターン・テーブルは無くそれをプレーすることはできなかった。その代わりにサミーはそのマスター・テープを聴くことにした。「今はデータだけど、当時ってまだＤＡＴテープの前の時代で、その当時はカセットがマスター・テープとして使われていたんだよ。だから、それを聴くことにしたんだ。部屋でカセットは聴けたから」。ただ、サミーはまた寮の部屋でやらかした。「マスター・テープだから、ホントはそれを他のテープにダビングして聴かなきゃいけないのにそのマスターのテープで繰り返し聴いちゃったんだよね。もうエンドレスのように繰り返し聴いててさ、そしたらテープが少し伸びちゃったんだよね（笑）」。ただ、それだけ初めてダブが録れたことは嬉しかった。「なんか金メダルを獲ったような気分だったね。ダブが録れたこともだけど、自分で録れたこと、それも嬉しかった。まだ17歳だったからね、そんなガキが日本から来て、一人でブルックリンに行って、ニコデマスのダブを録ったわけだからね。それは嬉しかったし、『俺やったぜ！』ってなんか自信にもなったよね」。

サミーはすぐにロサンゼルスにいたサイモン、サンディエゴにいたスティッコとかにもそのダブを電話して聴かせたと言う。「喜んでたよ。なんせ初のマイティー・クラウンのダブだから。兄貴もロスのレゲエ・シーンを自分で開拓したりしていたけど、やっぱ西海岸とニューヨークは全然違うじゃん？　ニューヨークはジャマイカ人も多いし、サウンドやアーティストも多いし、ジャマイカのシーンとリアル・タイムで動いている本場なわけじゃん？　その本場に入っているのは俺だけだったから、ダブ録りもそうだったけどそうやって俺がニューヨークからみんなに本場の様子を伝えたり教えていくようになるんだよね。カセットを送ったりしてね。そうやって俺がマイティー・クラウンの中でそうした『本場』を伝える役割になっていくんだけど、俺自身もマイティー・クラウンとしてみんなとそこでやれるようにしていきたいと思っていた。俺がその本場で見たり、知ったり、経験したことをみんなに伝えて、マイティー・クラウンを本場でやれるようなサウンド、本場と同じレベルでやれるサウンド、もうモノマネではないレベルのサウンドにしていきたいと思っていたかな。もうその時は俺も本気になってたからね、サウンドをやっていくことに」。マイティー・クラウンの海外志向、その本場で活動することを意識するようになっていたのは各自が海外へと渡っていたことも理由だったが、その中でもサミーがその本場のニューヨークに渡ったことがそれを決定付けたとも言える。

初めてのダブ録りを実現するのに協力してくれたロウワー・イースト・サイド・レコー

ドの店員とレゲヴレン・バドゥにサミーは今でも感謝していた。「出会わなかったらもっとダブを録るのに時間も掛かっていたと思う。日本から来た17歳のよくわかんないガキをそうやって相手にしてくれていたよ」と言い、特にレゲヴレン・バドゥに対してはより感謝をしていた。それはレゲヴレン・バドゥがその時にサミーに授けたのはダブ録りの経験や知識だけではなかったからだった。

「バドゥとは結局そのダブ録りの時しかちゃんとリンクしていないんだけど、その時にバドゥが連れて行ってくれたんだよね」。そこはブルックリンのジャマイカ人街にある店だった。そこはレヴレン・バドゥの家族が営むジャマイカ料理のレストラン、バドゥズ・レストランだった。サミーはそこに通い始めることになる。

バドゥズ・レストランとパトワと「チン」

「パトワを話す人達がいるところに行きたかったんだよね。パトワを学びたいのもあったけど、そうしたジャマイカ人達のライフ・スタイルやカルチャーに触れたくて通うことにしたんだ。それもニューヨークに来た目的だったからね。レストランで飯食ったり、顔出したりして、周りの人達が話すパトワを耳で聞いて覚えていくことにした。レストランの並びにもロブ・ジョン・レコードっていうレゲエのレコード屋やビデオ屋とかもあって、そこは地元の人達が集まる場所で、そこに毎日のように通ってずっと座って周りの会話を聞いたりしていた。最初は全然わかんないけど、慣れてくると『きっとこういうことを話している』とか少しずつわかるようになるんだけど、それをずっと繰り返していく感じ。そうだね、実家の婆ちゃんの広東語を聞いて慣れていくのと似てるかもね」。

パトワ。そのジャマイカ人の言語を習得することはサミーにとっては必修課題だった。マイティー・クラウンが本場を目指すのであれば、その本場のサウンドと同様にそこでプレーするジャマイカのアーティスト達が歌うパトワでの歌詞を正しく理解できなければいけなかった。その本場のサウンドと同様にパトワで会話をする客に向けてパトワでMCができなければいけなかった。

「カセットを聴いていると、もっと言葉を知りたい、パトワを理解できるようになりたいって思っていて、それもニューヨークに行ったら学べると思っていたんだよね。あと、ダブ録りを経験した時も周りはみんなパトワで話すわけで、自分がパトワを話せるようになるとそうした時の交渉もスムーズになるとも思ったりもしてた。パトワの音楽とカルチャーだからさ、それが話せないと相手にされなかったりするから。あと、その人達やそのアウェーの雰囲気の中に入ってもそれに負けないようにするのもあった、それに負けたくないって言うかね。とにかく言葉もだけど相手のことがわからないと何も始まらないということはわかっていたからさ、そのためだよね」とサミーはそこに週に何日も通い詰めた目的を話した。

「レゲエやダンスホールのコミュニティーのジャマイカ人、特にアーティストって『アタリ（圧・圧力）』が強いんだ。自信に溢れた態度で話す声もデカかったりするんだけど、ただ声がデカいだけではなくて、パトワの言葉の強さをより強調した感じで話したりするんだ。そのパトワの使い方、圧が強い話し方に惹かれたんだよね。同じジャマイカ人の中でもパトワの言い方は違うから全員とは言わないけど、ラフなレゲエやダンスホールのコミュニティではパトワを強く、より感情を込めて興奮したように話す人達が多くて、そうした言い方や強さ、声の大きさ、あとそのアティテュードの大きさに惹かれたんだよね。で、それは後からわかるんだけど、その世界で成功するためにはそれはすごく大切な要素だったりするんだよね」。ただパトワを理解できるようになるためではなく、自分が惹かれたパトワの使い方ができるようになることを目指してサミーはそのパトワを話す人達がいる場所へと通い詰めるようになる。

しかし、17歳の日本から来たガキが毎日のようにブルックリンのジャマイカ人街に現れ、何時間も黙ってそこに座り続けている様子は奇妙に映ったはずだ。「レストランの人達はバドゥの紹介で行ったのもあって優しくしてくれたけどね。でも、それ以外の人達の中にはそれこそ『おい、チン（東洋人に対する蔑称）、何しに来た』『ここは黒人街だぞ、お前が来るようなところじゃねぇ』『帰れ』とか言われたりしたこともあったよ」。ジャマイカ人、黒人だらけの中ではサミーは目立った。それで絡まれることも多かった。それでも通い続けるしかなかった。「そりゃそんなことを言われるのは嫌だったよ。慣れるためって言っても怖いしさ。でも、その時はそれよりもパトワを覚えたい、言葉を知りたいっていう気持ちの方がそれより強かったんだよ。とにかくいつもそこにいる時は気を張っていたし、気を張ってないといけないようなところだった。でも、行くしかないんだよ、行かねぇと覚えられないからさ」。

バドゥズ・レストランに通う時にはサミーはダラ・バンを利用するようになった。「授業が終わるとマンハッタンから地下鉄でチャーチ・アヴニューまで行って、そこからダラ・バンに乗って行くようにしてた」。ダラ・バンは「DOLLAR VAN」、1ドルで利用できる乗り合いバン（車）のこと。ブルックリンをはじめとする一部地域の人達の交通手段として使われているが当時は現在とは違って無許可の白タクだった。サミーがダラ・バンを利用したのは料金の安さもあったが、そのバンの中でもパトワが飛び交っていた。スラングも含んだジャマイカ人が日常で話すパトワを耳にすることもできた。その話し方、言い方、使い方を知ることができた。そして、次第にブルックリンの動き方を理解するようになるとサミーは行動範囲を広げていった。

「チャーチ・アヴニューには探していたようなレコード屋が幾つもあって、それを一店ずつ周っていった。そこから色々なエリアのレコード屋、ブロンクスとかクイーンズにも行くようになるんだけど、最初はブルックリンを一店ずつ潰して行く感じだった。どこもレコードもカセットもあって、『うおぉ、こんなにある』ってマンハッタンとは全然違ったし、探していたものが見つかった。あと、日本よりも安く買えた」。

「いつも一人?」と聞くとサミーは「いつも一人だった」と答えた。その当時にはセンジョから他のニューヨークの大学に留学した知り合いもいた。サミーは最初はそうした人達とマンハッタンのクラブに行ったこともあった。当時に流行っていたハウスやテクノの人気クラブにも一緒に行った。そこで初めてエクスタシーやハード・ドラッグも体験した。ただ、サミーはそのドラッグにも音楽にも引き込まれなかった。「ハード・ドラッグも好奇心で試した感じ。でも、俺には合わなかった、やってみても次の日はめちゃくちゃ具合の悪くなったしさ」。

世界のエンターテイメントの中心都市でもあるニューヨークの中心、刺激に溢れたマンハッタンの中で好奇心が強かった17歳の少年がサウンドやレゲエ以外のことに惹かれても不思議はなかったが、サミーはそうはならなかった。「その人達と遊んだり、そうした他のジャンルのクラブに行くのも楽しかったり刺激もあったけど、それ以上にその時の俺はもうサウンドとかに気持ちが向いてたからね。当時はハウスが流行っていたイメージ、教会を改造したライムライト（クラブ）も覚えてる。でもそうした他のジャンルがダメとかじゃなくて、俺の中でのメインはサウンドになってたからね。その他の日本人の知り合いはレゲエ好きの人達ではなかったし、だからいつも一人でブルックリンに行ってた。金も無かったし、少しでもレコード代を浮かせたい時はダラ・バンにも乗らずに一人でブルックリンを歩いたりしていた。とにかく一人で行動してた。他に一緒に行く人がいなかったのもあるけど、それが正しかったと今になって思うよ。一人だと日本語を話せないから言葉も覚えるしね。それはパトワだけじゃなくて英語もそうだと思うよ。海外に行くと日本人同士でかたまったりするけど、言葉も通じるし、寂しかったり心細かったりするのはわかるんだけどさ」。パトワを身につける一番の方法はサミーにとっては「一人で行動する」だった。

その当時のブルックリンのストリートを一人で歩くことは危険だった。それでもビビりながらサミーは歩いた。「そりゃ、『ジャップ‼』とか言われたりは普通にあるよね。絡まれたりとかさ。レコード店ではそういうことはなかったよ、店では一応俺は客になるからさ。でも、ただ歩くんじゃなくて、自分なりに歩いてもいい時間帯や場所とかを判断するようにしてた。あと絡まれた時の自分の態度の取り方も気をつけてた」。そう話して、一つの例を話した。

「ブルックリンのブッシュウィック、あそこにスタワン（スタジオ・ワン）のコクソン（・ドッド）のレコード店があったんだけど、そこは当時のブルックリンの中ではかなりの危険地帯でそんな奥地になんかは行きたくないんだけど、そこに欲しいレコードが絶対あるのがわかっていたから怖くても地下鉄に乗って行ったわけ。そしたら、駅のホームに降りた瞬間に瓶を投げつけられたんだ。『おっ‼』ってビビッたよね、そん時は。それで三つくらい先の車両のところにバンダナ巻いた奴等がいて、そいつらが投げたのはわかったんだけど、出口は奴等のいる方向に一つしかないんだ。でも、心臓バクバクでビビりながらそのまま平然を装って出口の方に歩いて行ったんだ。そしたら奴等は止まっていた地下鉄に乗って、そこから降りずにそのまま乗ってったんだけど、もう完全に嫌がらせなんだよね。ただ、ビビったけど歩いていた他の人達に混じってビビってないふりして歩いたのが良かったんだよね、何事もなかったように平然としたそのアティチュードが。やっぱ、そこで隙を見せるとつけ込まれるからね。奴等は試してたんだと思う、俺がビビるのを。ビビってはいたよ、でも、それを見せないことが大事だったんだ」。

「そんなこともあるから、いつも自分を守るようにしていたし、いつも気を張って歩いてた。だってさ、地元の人達だってビビってるような場所だったんだから。だから、そんな日本人ってことで何か言われたり、差別されることよりも恐怖心の方だよね、殺されちゃうんじゃないかって思ったりもしてたから、だって銃を持っている奴とかいるんだから」と言い、サミーはさらに自身が実際に体験した事件の話をした。

「バドゥのレストランの並びにビデオ屋があってさ、ある時にそこで高校生の連中が万引きをしたことがあったんだ。ブルックリンの高校生ってやることも結構いかついんだけど、それで店員がそいつらを威嚇するように銃を撃ったんだよ。その店員はプリーチャーって奴で俺にも良くしてくれてた奴だったんだけど、そいつがいきなり銃を撃ったからビックリしたんだ。そんで、警察が来ちゃうからプリーチャーは裏通りに隠れるんだけど、その時にプリーチャーは俺も隠れさせたんだ。そんなところに一人だけ東洋人のガキがいたら目立つし、俺が警察に引っ張られるのを防いでくれたとも思うんだ。で、その時のプリーチャーの表情がスゲぇ怖かったのを覚えている、もう普段とは全然違う感じだった。そりゃ怖い体験だったよ、でも、それよりもそうしたことが普通に起きるブルックリンのストリートのヤバさを体験した感じだった」。

プリーチャーはU・ロイの息子だった。U・ロイはジャマイカのDeeJayのパイオニアだった。U・ロイは自身のサウンド、キング・スター・ギャヴを率いるサウンド・マンで敬虔なラスタファリアンだった。サミーはアメリカが銃社会であることは知っていた。ただ、この時に初めてその意味を知った。それは銃だけではなく、銃による恐怖が社会に蔓延しているということだった。誰が銃を持っているかもわからなかった。いつそれに巻き込まれるかもわからなかった。その恐怖がストリートに溢れているということだった。いつも「殺されちゃうんじゃないか」と思いながらサミーは一人で歩かなければいけなかった。その時のサミーにとっては差別的な扱いを受けることを気にしてはいられなかった。それよりも身が安全であることに気を払っていた。それはそこで暮らす人達もそうだった。

サミーはバドゥズ・レストランに通い出して三ヶ月ぐらいでパトワを理解できるようになった。少しずつパトワで話される言葉の意味を理解して、少しずつ話せるようにもなり始めた。それは語学の習得、特にそれがパトワであることを思うとかなりの速さに思えた。サミーは「それぐらいのルーティンで動いているとそうなるよ」とあっさりと言ってみせた。それにサミーがどれだけ熱心にそこに通い、どれだけ集中してそこで学ぼうとしていたかは想像できた。

そして、その少しずつ操れるようになったパトワがサミーを危険から守ったこともあった。「地下鉄で高校生ぐらいのガキにCDウォークマンを奪われそうになったことがあったんだ。高校生って言ってもデカイしさ、そいつから見たら俺なんてチョロイわけよ。でも、そん時にパトワで怒鳴ったりしたらそいつはビビっちゃったんだよね。アジア人がいきなりパトワを話したことに驚いたのかもしれないけど、それよりもそのガキはパトワにビビったんだよ。黒人達の中でもさ、ジャマイカ人って一目置かれていると言うか、スゲぇ悪いイメージがあるんだよ。映画なんかでもだいたいジャマイカ人って悪役って言うか、ギャングの役だったりもするんだけど、そういうイメージを持っているから、そのガキも俺よりも俺の後ろにはヤバいジャマイカ人がいるんじゃねぇかって思ってビビったんだろうね、『パトワ喋れるのか……?』って去って行ったよ」。

そして、そのパトワがサミーの周りも次第に変えていった。「ダブ録りの時にパトワで話せるようになると面白がられるんだよね。ジャマイカ人でもないアジア人のガキがサウンドをやっているのもそうだけど、一人でブルックリンの黒人街までダブを録りに来るのも奴等からしたらレアだったと思う。だって奴等のアジア人のイメージってデリとかやってて、まともに英語も喋れない連中って感じだからさ。それなのにさらに俺がパトワを話し出すと『おいおい、なんなんだコイツは!?』って面白がるんだよね」。ダブ録りの場でも自分の居場所を作り始めたサミーはそこでもジャマイカ人と一緒に時間を過ごすことに努めた。一緒に草も吸いながらパトワの習得に磨きをかけるだけではなく、彼らを通じてそのカルチャーやストリートでの作法も学んでいく。そうした中で仲良くしてくれる人達も出てきた。「チン」ではなく「サミー」と名前で呼んでくれる人達も出てきた。そうやってパトワを習得することをきっかけにサミーは本場の中でサヴァイヴし始めていった。「ジャマイカ人のコミュニティも慣れてきたら居心地も良くなったね」。

サミーは憧れていた本場のサウンドの世界、聴き続けてきたカセットの中の世界へと足を踏み入れるようになる。「ブルックリンを歩いてるとサウンドのイヴェントのポスターが貼ってあったり、レコード屋に行ってもフライヤーが置いてあってさ、それはマンハッタンでは見ないものだったんだけど、それで初めて行くことになるだよね、ビルトモアに」。

聖地ビルトモアと覚醒

「ビルトモアはサウンド・マンの聖地だったよね」。

ビルトモア・ボールルームは、ブルックリンのチャーチ・アヴェニューの２２３０番地、フラットブッシュ・アヴェニューとベッドフォード・アヴェニューの間にあったダンスホール＆クラブ。１０００〜１５００人収容規模のその会場では80年代からニューヨークだけではなく、ジャマイカからもサウンドやアーティストが出演したイヴェントが開催されていた。特にそうしたトップ・サウンド同士によるサウンド・クラッシュが数多く開催された会場だった。当時に喧嘩や発砲事件のトラブルが多発していたサウンド・クラッシュの開催に理解があった数少ない会場の一つでもあった。1995年に閉館したが、現在も世界中のサウンド・ファンの間で語り継がれているサウンド・クラッシュやイヴェントが開催された「伝説の会場」として知られている。当時に同会場で人気を集めていた楽曲や、サウンド・クラッシュを通じて話題となった楽曲を現在に「ビルトモア・チューン」と呼ばれるぐらいにその伝説は伝承され続けている。

そのビルトモアにもサミーは一人で行った。マンハッタンのクラブの時のようにフェイクID（偽造身分証明書）を持ってゲートに向かった。「でも、金さえ払えば入れてくれる感じだったよ」。それも当時の「ブルックリン」だった。まだ「911」が起きる前のニューヨークでもあった。

ビルトモアは入口のゲートを抜けるとさらにその先にもゲートがあり、そこを抜けると会場になっていた。サミーが初めてそのゲートを抜けた夜にはニューヨークのサウンド王者、キング・アディーズ、そして、ジャマイカからも名門サウンド、ストーン・ラヴが出演していた。その夜は両者によるサウンド・クラッシュは予定されてはいなかった。それでも「お互いにバチバチに曲でやり合う感じだった」と激しいプレーを繰り広げていた。キング・アディーズ側には憧れたスーパー・キャットも参加していてラバダブを披露していた。サミーは「いきなり本場」の中にいた。ずっと聴いてきたカセットの中の世界、本場の本物の世界を初めて目にした。そして、サミーはまたやらかした。

「緊張してたのもあったと思うけどさ、草吸って、飲めないビールを飲んだら気持ち悪くなっちゃってさ（笑）」。サミーは憧れ続けていた場所で醜態を晒した。駆け込んだトイレではニューヨークのレゲエ・シーンの人気アーティスト、亡きトレヴァー・スパークスに「おいチン、顔が真っ青だけど大丈夫かよ」と揶揄われた。ただ、サミーが気持ち悪くなったのは草とビールだけが理由ではなかった。「喰らったのはその時のサウンド・システムの音だよ」。初めて体感した本場のサウンド・システムの爆音と威力、それは「もうスピーカーの前にいると気持ちが悪くなるぐらいの迫力だった」。サミーは日本でサウンド・システムは体感していた。しかし、そのビルトモアに積まれていたそれは「もう、全然レベルが違った、別次元のものだった」。サミーは本場のサウンドやアーティストだけではなく、その初めて体感した本場のサウンド・システムの音の威力にも吹っ飛ばされた。

既にマイティー・クラウンとして活動もして、ニューヨークに渡ってダブも録るなどサウンド・マンとしての意識や自覚は持っていた。そのためにニューヨークにも来ていた。

何度もそれまでに「本気だった」とは口にしていた。しかし、サミーが「これだ！　俺が本当にやっていきてぇのは！」と思えたのはこの初めてのビルトモアの夜だった。その時には酔いも吐き気も覚めていた。その音で覚まされてもいた。それまでカセットを通じてしか知らなかった本場のサウンドの現場の中でサミーは衝撃を受け続けていた。

そして、この夜にサミーは自分の目標を明確にできた。「これを日本に持って帰りたい、この熱さ、このヤバさを日本に伝えたいって。あと、俺もこの本場の中でやりたい、彼らと同じステージに立ちたいと思ったんだ」。さらに「マイティー・クラウンもサウンド・システムを持たないといけないとも思ったんだ。サウンドだったら、それが無きゃ始まらねぇって」。この初めてのビルトモアの夜はサミーにとっては重要な経験となった。その目指すべき方向を決定付けた。

「サウンド、サウンド・システム、サウンドのカルチャー……そういうのは日本にも伝わってはいたけど、その本物の魅力を伝えたいと思ったんだ。それは日本にはちゃんと伝わってないと思ったからさ。自分がその時に喰らったのは、それは本場のサウンドやそのサウンド・システムだけではなくて、会場の熱さ、集まってる人達の熱気、なんて言えばいいかな……そのバッド・ボーイなとこ、男気が溢れていること……サウンドだけじゃなくて、そこに集っていた不良ばっかの客の反応とか盛り上がり方や危険な雰囲気、客も含めた会場全体の雰囲気……、「ヴァイブス?」とサミーは自身がその時にそう思うに至った理由を上手くは言葉にはできない様子だった。ただ、それでもサミーが言いたいことは十分に理解できた。その通りに「ヴァイヴス」だった。そうとしか説明ができない特別な空気感、一体感と高揚感、興奮が当時のダンスホールの現場、ジャマイカやニューヨークのサウンドの現場には確かに充満していた。時代は「90年代・ダンスホール黄金期」だった。

90sダンスホール

現在でも世界的に「Bad Like 90's Dancehall = 90年代ダンスホールのようにヤバい」と形容されるように、90年代、その初頭は「ダンスホール黄金期」、ジャマイカのダンスホールが世界を席巻していた時代だった。

80年代初頭にイエローマンを頂点に続々とダンスホール・アーティスト達が登場、それを支えた〈ヴォルケイノ〉〈パワー・ハウス〉他のレーベルによるルーツ・ラディックス、サイエンティスト等を起用したソリッドなリディムとサウンド(音)が、それまでのルーツ・ロック・レゲエからダンスホールへとジャマイカ・シーンを導いていたが、1985年にキング・ジャミーの〈ジャミーズ〉から放たれた「スレンテン」がそれを決定的なものとした。そのコンピューターライズド、日本製カシオトーンに内蔵されたリズム・パターンを元にして作られた初の完全デジタル製のリディムの大成功を受けて、ジャマイカのシーンはそれまでのライヴ・レコーディング（バンド、ミュージシャンを起用した録音）からデジタル（電子楽器、打ち込み）へと一気にシフトすることとなった。

デジタルのサウンド（音）が支持を集めたことはプロデューサー達にとっては歓迎すべき点もあった。デジタルはそれまで制作期間と制作費を大幅に縮小させることを可能とした。それが新たなプロデューサー達の参入を可能にもした。ジャマイカではリリース量が急増した。そのスピードも加速した。そしてリディムそのものも速くなった。より踊れる、よりダンスに特化したデジタル産のリディムを若きプロデューサー達は競い合うように作り続けた。〈ジャミーズ〉が「スレンテン」を皮切りに続々と放ったデジタル・リディム、その数々のヒット・リディムとそれを使用したヒット曲を実質的に制作・プロデュースしていたワイクリフ・スティーリー・ジョンソンとクリーヴランド・クリーヴィ・ブラウニーは〈スティーリー&クリーヴィ〉として独立、同じく〈ジャミーズ〉出身のボビー・ディクソンも〈デジタル・B〉として独立、彼らを中心としたその革新的なデジタル・リディムによるダンスホール・サウンドにジャマイカは熱狂した。

その中からシャバ・ランクス、ニンジャマンをはじめとするダンスホールDeeJay達がシーンの頂点に立った。彼らを中心としたそのイエローマン以上に猥雑なスラックネス、容赦無いガン・トーク（銃・暴力賛歌）なダンスホール楽曲が島中を席巻した。その反社会的で快楽と欲望と自尊心に溢れた攻撃的な楽曲にゲットーのバッド・ボーイ達は共鳴した。ギャル・デムと呼ばれた若い女性達はスカートの長さをより短くして腰を振った。人々は日々の憂さを晴らすように踊り、笑い、熱狂した。さらにトニーとデイヴのケリー兄弟を擁したドノヴァン・ジャーメインの〈ペントハウス〉、オーガスタス・クラークの〈ミュージック・ワークス〉とさらにシーンを牽引するプロデューサーやレーベルが躍進し、ブジュ・バントン、マッド・コブラ等新たなスター達も登場して、そのムーヴメントはさらに拡大した。

そして、その新たなるサウンドと才能、スピード感と激しい競争によって展開されるダンスホールのムーヴメントはジャマイカを飛び出し世界へと飛び火した。日本を含めた世界がそのジャマイカからの絢爛で下劣で無秩序なムーヴメントとそのアイディアとクリエイティヴィティに満ちたダンスホールのリディムに惹きつけられた。ダンスホールは常に最新、最先端を追求、変化と進化をし続けて行く音楽だが、その90年代初頭はダンスホールこそが世界の最先端の音楽として世界を熱狂させていた。90年代初頭、ジャマイカのダンスホールは黄金期を迎えていた。

「そうだね、もろ90sの時代だったね」。サミーがサウンドに導かれたのにはそのサウンドでプレーされていた当時の楽曲、そのダンスホール黄金期の楽曲の存在と魅力も大きく影響していた。「やっぱ90年代のダンスホールのビートと言うかリディム、まずそれが好きだったんだよね。メロディアスな歌、独特なリディムが多くてそれが俺には合った感じだった。そのどっか田舎臭くてダサ格好いい感じ？　あとDeeJayのフロー、シンガーの歌のメロディー、そのパトワの響きが俺にはヤバくて、自分に合ったと思うんだよね。当時は〈デジタル・B〉〈ペントハウス〉〈スティーリー&クリーヴィ〉〈ミュージック・ワークス〉〈エクスタミネーター〉とかの時代だったし、そうしたレーベルにはそういう惹かれる曲も多かったし、次から次へと『これヤベぇ』って曲が出ていたしね。で、そうした曲もなんだけど、それをプレーするサウンドの曲の掛け方？　それにスゲぇ惹かれたんだよね、やっぱさ、サウンドっていうエンターテイメントが俺は好きだったんだ。その頃にはサウンドの現場もターン・テーブル一台でレコードの表面の曲をプレーした後に、裏面のインストに合わせてアーティストが歌ったりする『ラバダブ』なスタイルから、ターン・テーブルを二台でレコードやダブで曲をどんどんつなげていく『ソウル・セット』の時代になっていて、ストーン・ラヴの〈セレクターの〉ローリーが大人気の時代だったね。ローリーは新しかったし、洗練されていて格好良かった。一人でMCもセレクターもして、M

Cもピン・マイクでやってたりして。ローリーはサウンドの魅力を世界に伝えたレジェンドだし、与えた影響は大きいよ、90年代サウンドの新たなムーブメントを起こした人だよ」。

恩人キムさん

サミーはバドゥズ・レストランに続いてビルトモアにも通い出す。サミーは誰よりも早く行き、イヴェント前のサウンド・システムが搬入されるところから見ていた。そして、誰よりも遅くまで残り、会場の掃除を手伝いながらサウンド・システムが搬出されるところまで見ていた。「ダンスは夜の12時ぐらいに始まるのに8時ぐらいから搬入を見に行ってて、朝の5時ぐらいにダンスが終わってからも7時ぐらいまで掃除して搬出まで見てたんだけど、そんな奴は普通はいないよね（笑）。ただ見ていたかったんだ。でも、それで『こうやってサウンド・システムは組まれていくのか、どんな機材を使っているのか』と見て知っていくんだ」。サミーには自身で動いて見ること以外には知りたいことを知れる術を持っていなかった。

「もうさ、ビルトモアは不良ばっかだったたし、喧嘩もしょっちゅうで、発砲事件もあったし、超危険で怖かったけど、その怖さよりも『知りたい』という興味や好奇心の方が強くて通ってた。今でもあの時代にビルトモアを経験できたことはすごく大きかったと思ってるよ。結局さ、俺がやりたかったサウンドは奴等の文化でさ、全部その真似事から始まるんだけど、その見本になる本物の人達がいた場所だったからさ」。

調べてみるとビルトモアは１９９５年に閉館していた。「95年？　ホント？　もう少し続いていたイメージもあったけど……」とサミーは首をかしげたまま、「いや、結局俺は出演したことはなかった。一度でいいから出たかったんだけどね」と言い、そのままビルトモアでの別の思い出、そこで出会った恩人の話をした。

「キムさん」とサミーが呼んだその人はビルトモアの管理人だった。韓国系の人だった。キムさんは誰よりも早く来て、誰よりも最後まで残って掃除を手伝うサミーを見てくれていた。キムさんと知り合ったサミーはキムさんがいる時はチケットを買わなくても入れてもらえるようになった。サウンド・システムが搬入される場にいたサミーにそのまま会場内に残ることをキムさんは許してくれた。それは金が無かったサミーの助けとなった。それだけではなくキムさんはサミーを自宅に招いて食事も与えてくれた。「同じ東洋人っていうのはあったのかもしれないね。お互いに会場の中では目立つんだけど、最初はキムさんが何者かわからなかった。関係者しか入れない所に出入りしているのを見て知った感じ。キムさんからしても俺は目立ってたから声を掛けてくれたんだと思う。まるで親戚のように俺と接してくれた。もう感謝しかなかった」。そのキムさんとの関係はその後に途絶えてしまっている。「キムさんに『俺がマイティー・クラウンです』って言いたかったな。キムさんは俺のレゲエ・ライフの中では恩人と言える人なんだよね」。サミーは横浜時代の恩人達と同じように今でもキムさんに感謝していた。

濃密過ぎた最初の三ヶ月

ビルトモアを入口にして、サミーはその行動範囲を広げて行く。「ニューヨークって広いからね。それぞれのエリアでプレーされる曲も流行りも違ったりするから」とブルックリンだけではなく、ブロンクスやクイーンズにも足を伸ばすようになる。「ブロンクスも危険だったけど、レコード屋もあったし、ダウン・ビートのホームだったからね」。トニー・スクリューが率いるダウン・ビートは主にファウンデーションと呼ばれる往年の楽曲、過去のレゲエやダンスホールをプレーする老舗サウンドとして世界的に知られている。サミーは最新のダンスホールだけではなく、そうした往年のレゲエやダンスホールもサウンドを通じて学んでいく。それまでのカセットだけではなく、本場のサウンドのプレーを通じて楽曲やアーティストを知っていく。サウンドの現場で知識を増やしていく。「そこで知った曲をまたレコード屋に探しにいく感じだった」。

「あと、トニー・スクリューはジャマイカのアーティスト達との付き合いが多くて、アーティストがニューヨークに来た時にダブを録るのを仕切ってたりして、それを通じてダブを録らせてもらったりもしてた。今もそうだけど、どっかのサウンドがダブ録りを仕切って、他のサウンドのもまとめてアーティストに録らせたりするんだよね。それはアーティストの収入の助けにもなるし、仕切ったサウンドはその謝礼としてタダでダブを録れたりするからね」。

それ以外にもニューヨークらしくダンスホールやレゲエだけではなくヒップホップも合わせてプレーするサウンドもいた。当時はニューヨーク発信のダンスホールとヒップホップを融合したラガ・ヒップホップと呼ばれたサウンド（音）やアーティストも人気を集めていた時代でもあった。それらの全てを自分の足で通い、耳にして、身体で覚えていくようにしていた。サミーは「影響を受けたサウンドは山ほどいるよ。ニューヨークもジャマイカも、もうサウンドの名前を挙げたらキリがないぐらい」と言い、「このサウンドって一つだけ名前を挙げることはできないよ。色々なサウンドを見て、それぞれのサウンドの良いなって思った部分を吸収していった感じだから。俺自身のスタイルがどういうものなのかは上手くは言えない。ただ、そうやって色々なものがミックスされたりブレンドされているものが俺のセレクターとしてのスタイルの基本にはなっていると思うよ」と、この時代に数多くのサウンドの現場に通うことで自身とマイティー・クラウンが目指すべきプレーとスタイルを模索していった。

「ニューヨークに行くまでは俺は言ってみればまっさらなスポンジだったんだよね。だから、そこで見たり体験したことをそのまま全部吸収できたんだ。知らなかったことばかりだったから、それをどんどん知れる、全部を吸収していける感じだよね。その本物を知れる喜び？　本物を体感できる喜び？　自分が動いたら動いた分だけ知れる喜び？　それがニューヨークにはあったんだ」。

吸収できたのはサウンドのことばかりでもなかった。「ガキだったのもあって見るもの全てに影響されたよ」。そこに暮らす人達にも影響された。「その立ち振る舞い方もだけど、その独特なファッションや着こなし方、着ているブランドにも感化されて真似してたね」。そして何よりも新鮮だったのはそうした人達と音楽との距離感だったと言う。

「彼らのライフ・スタイルの中ではレゲエやダンスホールやヒップホップだけではなく、音楽を聴いて楽しむことって全然特別なことではないんだよね。日本みたいに『趣味は音楽鑑賞』みたいなのではなくて、そんなのは当たり前のことで、完全に生活の一部になっていてさ。そうだね、教会とかの影響はあるかもしれない、ジャマイカのアーティストもクワイア（教会の聖歌隊）出身とか多いしね。だからさ、サウンドも特別な存在ではなくて、サウンドの現場でも歌ったり踊ったりすることも普通のことなんだよね。それにスゲぇ刺激されたと言うか、カルチャー・ショックみたいな感じだったね。勿論良い意味で。もうレコード屋の試聴の音量ですら爆音なわけでさ、ストリートでも車は爆音で音楽流しながら走っているし、そういうのも日本とは全く違うわけよ。日本みたいにレコード屋で『試聴は三枚まで、しかもヘッドホンで、他のお客さんに迷惑にならないように』とか、ちょっと家で音を大きめにしたら『近所迷惑です』『警察呼びます』とかも無いしさ。そういう音楽が生活に身近で、もっとみんなで楽しむもの、あと人が楽しむことを邪魔しないっていうカルチャーみたいなものにも憧れたかな。隣の家の奴がガンガン音を鳴らしても別に誰も文句言わないし、警察に通報もしないどころか、むしろそれに一緒に楽しむくらいな感じなんだよ、当時のブルックリンは」。その音楽への距離感、レゲエやダンスホールの理解や知識の高さがサウンドのイヴェントの質にもつながっていた。サミーはサウンドやそのカルチャーだけではなく、それを通じてニューヨークで惹かれた音楽との関係性も日本に伝えることをイメージした。

「もう結構話しているけどさ、今まで俺が話したことって俺のニューヨークでの最初の三ヶ月ぐらいの話ね。だから、92年の9月から12月ぐらい、17歳と18歳になったぐらいの話ね」。その三ヶ月は濃密な時間だった。猛烈に行動した時間だった。サミーも言う、「うん、めちゃくちゃ濃かった。今から振り返っても濃い時間だったって思うもん。めちゃくちゃ吸収してたからね。でもさ、それだけ短期間で一気に色々と吸収したことが後から（自分に跳ね返って）来るんだよね……」。

本牧クラブ・プラネット。
ブースのバナーは最初のマイティー・クラウンのロゴ・デザイン。

サミーとタカ。

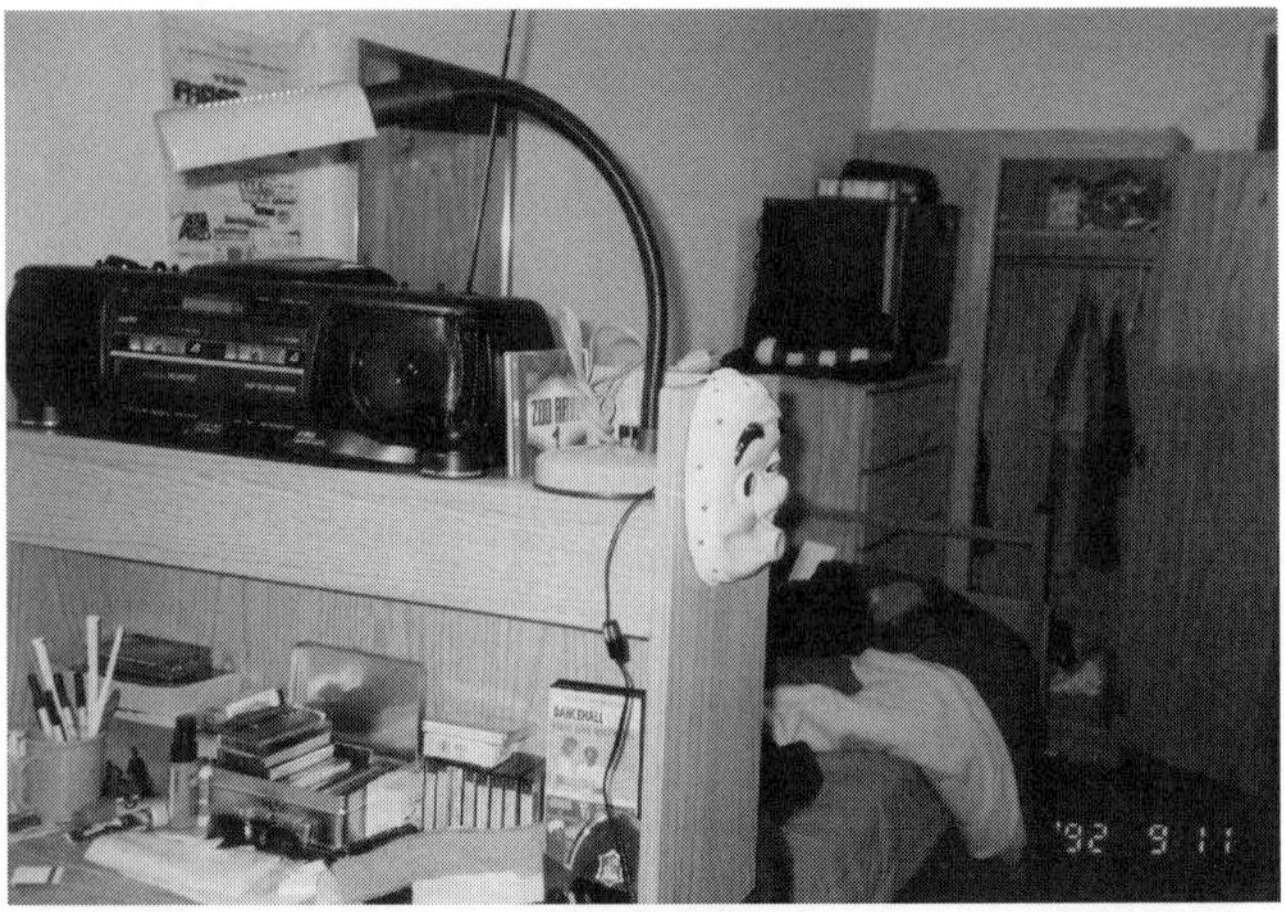

大学の寮の部屋。

マイティー・クラウン初のダブ・プレート。
ニコデマスのダブ・プレート。

ドン・ワン・スタジオ。ダブ・カッティング・ルーム。

バドゥズ・レストランがあった場所。

CHAPTER 3

BROOKLYN / STRUGGLE

ドロップ・アウトと田中ヒロと草

サミーに確認をすると、マイティー・クラウンはサミー達が留学先へと渡ってからは大学の冬休みと夏休みは一時帰国した時に横浜で活動をしていた。当時に「普段は海外にいるらしい」と言われていたのはそれが理由だった。

１９９２年12月。サミーはニューヨークで初めて録音したばかりのダブを横浜に持ち帰った。それを初めてプレーした時にダブがサウンドのカルチャーの中で受け継がれる理由を知った。プレーする側として知った。「反応だよね。初めて『マイティー・クラウン』って名前が（歌詞に）歌われているダブをプレーすると、45（市販の45回転7インチ・レコード）とは違うのはわかるから他のサウンドの奴等は気付くし、『ダブだ、ダブ持っているんだ!?』って客の反応と会場の雰囲気が変わるのを感じたんだ。それはハッキリと。最初に録ったニコデマスを初めてプレーした時の客が『うおー』となった感じでさ」。

「なんて言うのかな、そのダブを持っているからスゴいとか言うんじゃなくて、そうした特別な音源をその場だけで聴かせたり、オリジナルとどう変えて録っているのか、どの曲のダブをプレーするのかを客が注目することで集中力と言うか、サウンドと客の中に一体感みたいなのが生まれるのが楽しいと言うかさ、誰もがポジティヴな気持ちになれるものだとわかったんだ。それまでダブをプレーしたことがなかったのもあったけど、その初めてニコデマスのダブをプレーした時だと思う、ダブの魅力や威力みたいなのを本当の意味で知ったり、実感したのは。でさ、やっぱり自分が実際に録ってきたダブにはそのダブごとにストーリー（録音した時の背景）があるからプレーする時にもそうした気持ちが入るんだけど、その気持ちも客には伝わるんだよね、ただの曲としてだけではなく客に届くんだよね」。

持ち帰っていたのはダブだけではなかった。サミーはその頃からサウンド・システムの機材や部品を帰国する時に持ち帰り始めていた。「重いし、デカいし、結構大変だったよ。サイモンとスティッコが西海岸から初めてニューヨークに来たのも92年の12月だったと思うんだけど、その時に俺がマンハッタンのキャナル・ストリートとかを案内して、サウンド・システムを作るのに必要なものを一緒にチェックしたりした。初めてビルトモアに行った後で、もうサウンド・システムを作る気持ちになっていたし、それにも本気になっていたからね」。

1993年。サミーは大学の寮を出る。「合わなかったんだよね、自分には」。寮を出てもサミーが引き続き留学生であったことに変わりはなかったが、サミーは大学からも次第にドロップ・アウトしていく。「大学には一年半、いや、二年ぐらいは籍があったと思うんだけど、ちゃんと通ったのは最初の三ヶ月ぐらい。前にも言ったけどさ、大学はニューヨークに来る口実に過ぎなかったからさ。もうサウンドのためでしかなかったから、別にそれで良かった。でもね、今になって卒業ぐらいはしておけば良かったとは思ってるよ。学費を払ってくれた親にも申し訳なかったしさ」。サミーは「だから俺の最終学歴はストリート大学、ニューヨークのストリート・ユニヴァーシティだね（笑）」。

寮を出たサミーはしばらく転々とする。アルバイトを通じて知り合った日本人の部屋に居候する。「最初の頃は親からは最低限の生活費を仕送りしてもらってたけど、レコードとか買わないといけないものが多くてバイトもしてた。でも、留学生のビザだとどこでも働けるわけではなかった」。サミーのニューヨークでの初めてのアルバイト先はマンハッタンのラーメン屋だった。「店長がクラック・ヘッドでさ。当時にニューヨークにいた日本人の中には薬に溺れていた人は多かったね。それだけハード・ドラッグが蔓延していたし、簡単に手に入った。俺は興味がなかったのもあったけど、前にも言ったけど具合悪くなるし、その匂いも生理的に合わなかったからやらなかった」。

サミーはその後にマンハッタンの日本料理屋のイースト・ジャパンでバイトをする。ただ、サミーとしてではなく「田中ヒロ」としてバイトする。「また名前なんだよね」とそこでもその本名では働けなかった。「俺は英語も日本語もできるから店では戦力になるはずなんだけどさ」とその名前だけでそう判断されることを知った。「だから、なんか日本人っぽい名前にしておくことにして、『田中ヒロ』にしたんだよ」。それに抵抗感はなかった。「ただ金がもらえたらそれでよかったからさ」。そうした対応、差別や区別も気にしなかった。「店で『ヒロ』って呼ばれても慣れてないから返事しなくて怒られたり、知り合いが店に来て『サミー』って呼ばれて慌てたりしたよ（笑）」とそれを笑い話として話した。

また、それ以外にもサミーはバイトをしていた。短期のバイトを色々とやっていたと言う。ただ、その中で話したものの中には確かに「これも時効ってことにして欲しいんだけどさ」なものもあった。それはまた草だった。

「バドゥのレストランの並びにロブ・ジョン・レコードっていうレゲエのレコード屋があったって言ったじゃん？　そこでもレコードを買ってたんだけど、そこで草も買ってたんだよね。でさ、そこで草を仕入れてマンハッタンの日本人のコミュニティで売り捌いたりしてたんだ。それで自分の分の草も手に入るし、売上もレコード代にもなったんだよね」。

そうしたバイト、草で金を得たエピソードは他にもあった。マンハッタンの店から草を詰めたバック・パックを背負って出た瞬間に警察と出喰わして必死に逃げた話をサミーは「マジでヤバかったんだよ〜」と愉快そうに話した。学生ビザ、名前と国籍に働き口が制限される中、当時にレコードやダブ代やサウンド・システムの機材費等に金が必要だったサミーはそうした「ストリートでのハスリング」でそれを補填した。「全てはサウンドのためだった、それに必死だった」。

ナイジェルと「ウェルカム・トゥ・アウトロー」と「ニガー」

1993年。サミーはチャンスを手に入れる。それはサミーにとっては願ってもないものだった。それもバドゥズ・レストランがきっかけとなった。

「本場のサウンドを見ていると、やっぱり自分でもやりたくなるんだよ」。そうプレーする機会を求めていたサミーに声を掛けて来てのはナイジェルだった。「奴とはバドゥのレストランに通う中で知り合った。ウィップ・アピールっていうローカルのサウンドをブルックリンでやってた奴で、それで奴からサウンドのイヴェントに誘われたんだ」。サミーはその「ウェルカム・トゥ・アウトロー」と題されたイヴェントに出演することになった。その「願ってもない機会だった」イヴェントに、ウィップ・アピール、アリストロクラット、シルヴァー・スウォード、ビッグ・ボスと共にサミーはマイティー・クラウンとして出演することになった。

そのイヴェントはバドゥのレストランからほど近いブルックリンの「クラブと言うより

も地下のどローカルなバーみたいな店」で開催された。「客もどローカルなジャマイカ人ばっか」。その店の雰囲気、初めての本場の人達を前にしてサミーはひどく緊張した。ビビっていたサミーに与えられていたプレー時間は15～20分だった。その短い時間をサミーは一人でプレーした。まだ数少なかった四～五枚のダブと7インチのレコード・ボックス一箱を持参して必死にプレーした。MCもした。身に付き始めていたパトワでMCした。ただ、それまでにカセットで聴き馴染んだ言い回しを真似した程度のものだった。サミーは今でもこの時の実況カセットを持っていた。「俺がブルックリンで初めてプレーした時のものだからね」と大切にしていた。

「今に聴き直すとかなり酷いよ」とサミーは当時の自分のプレーを笑った。ただ、「でも、93年の3月？　18歳？　ニューヨークに行って半年ぐらいだったと思えば悪くはないんじゃない？（笑）。その時のプレーも決して悪い感触ではなかったし、客もそれなりに反応していたしさ」とも言った。その初めての機会はサミーに自信を与えた。それはサミーが初めて一人でブルックリンに乗り込んで本場の客の前でプレーをしたからでもあったが、そのプレーの後にナイジェルから言われた言葉もあった。「その前にダメ出しされたこともあったからさ」。

サミーに「その前にダメ出し」したのはナイジェルではなかった。サミーが初めてビルトモアに行った時にサミーはスターキーと出会っていた。スターキーはアース・ルーラーのメンバーだった。アース・ルーラーは当時にキング・アディーズ、LPインターナショナル、ステレオ・ソニックと並んで「ニューヨーク四天王サウンド」と呼ばれたトップ・サウンドだった。スターキーは草とビールと爆音に醜態を晒していたサミーを見かねて声を掛けて来た。その時には「うるせー、あっち行けー」と暴言を吐いてしまったが、回復した後にサミーはスターキーを探してその非礼を謝びることにした。そこでサミーは自分が日本から来たサウンド・マン、セレクターであることを伝えるとスターキーは連絡先を教えてくれた。

その後日に連絡をすると、スターキーはサミーにアース・ルーラーのオフィスに来るように言った。それがどういう目的であったかはサミーにはわからなかった。ただ、サミーは「お前もセレクターと言うのなら」と言われて彼らの前で自分のプレーを披露することになった。そして、「決してそこまで悪くは思わなかった」プレーを終えたサミーに対して、彼らは「話にならねぇって感じだったね、出直して来いみたいな感じでさ」とダメ出しをした。横浜で積んできた経験は全く通用しなかった。ただ、サミーはその彼らからのダメ出しを素直に聞けた。凹みもしなかった。「本物の連中が本気でそう言ってくれたことに感謝できたんだ。適当なことを言われるぐらいなら全然その方が良かった。じゃないと気付けないから。その時の俺はちょっとわかった気になってて、自信過剰になっていたからさ」。

サミーが初めての本場でのプレーをした後日に再会したナイジェルは会話の中で、サミーのことを「ニガー」と呼んだ。「ニガー」は白人の黒人に対する差別的な蔑称でもあったが、それを逆手に黒人同士では「ニガー」を「同胞」や「仲間」の意味にも使用した。サミーが黒人になりたい気持ちは勿論なかった。ただ、その黒人、ジャマイカ人達の音楽をプレーしている自覚はあった。それをプレーする者としてその黒人やジャマイカ人達に認められる必要はあった。本場でプレーしていく以上はそうありたかった。そのナイジェルからの「ニガー」にサミーは「認められた、ではないけど、なにか受け入れてもらえた気持ちになったんだよね。俺のプレーを聴いた上でそう言ったわけだからね」と自分のプレーに自信を与えてくれた。

サミーはこの初めてのブルックリンでのプレーの話をした時に「来てくれていたのもだけど、日本人が見ていてくれたのが嬉しかった」とパパ・ユージ、牛若丸の日本人のレゲエ・アーティストの名前を口にした。

ニューヨークの日本人達と「みんなの館」

90年代。当時の日本のレゲエ・アーティストやサウンド関係者にとってジャマイカやニューヨークの本場を経験することは重要だった。現在でもそうであるが、現在よりも本場の情報が不足していた当時はより重要なことにされていた。現在よりも本場を基準としていた時代、その模倣からそれぞれのオリジナリティを追求することにしていた当時には、その本場を経験することは欠かせないものになっていた。その「修行」経験こそが自らを高める手段だった。日本のサウンドのパイオニアだけではなく、ダンスホールDeeJayとしてもパイオニアであるランキン・タクシーは１９８９年にリリースした「ジャマイカ事情」の中で自らのジャマイカでの経験と合わせて「行きなさいジャマイカ」「自分の目で見て来なさいレゲエの本場」と歌った。その歌詞の通りに、修行経験者の言葉は周囲への説得力をもたらしただけではなく、その修行を経験をしたことに対する評価と信頼とリスペクトも与えられていた。

「ちょうどその頃に横浜の先輩達がニューヨークに来ていたんだよね。マサヤ君とかバナナ・サイズの先輩達が。マサヤ君は今もニューヨークにいるけど、当時に一緒に暮らした時期もあったし、特別な関係だと思っているね。横浜の時にはマサヤ君と遊ぶのは嫌だったんだけどね（笑）。だって、ギャングみたいな格好してガン飛ばして歩いて、すぐ喧嘩しちゃうから（笑）」。

「あと、アキソル（アキ&ソルトフィッシュ）の二人は名古屋出身だけどバナナ・サイズでも歌っていて知ってた。アキソルはジャマイカでも活動しててパトワで歌ったり、〈ジャミーズ〉からリリースもしていた。そう、ナーキさんもそうだったけど、アキソルはナーキさんに続いてジャマイカでやってて、その時はビザの関係でジャマイカを出てニューヨークに来ていたと思う。ジャマイカで色々とリンクを作っていて、そのリンクからニューヨークでも色々とリンクを持ったり作っていた。もともとメジャー・マックレル（ジャマイカ人アーティスト）とリンクしていたんだよね。最初は二人がバイトしていたマンハッタンの寿司屋に会いに行って『誰だお前？』みたいな感じにされたけど、横浜の時にちゃんと話してなかったから当たり前なんだけど、一緒につるんだり、ダブ録りのスタジオに行ったりした。アキソルってジャマイカのナショナル・ディッシュ（国民的料理）の『アキ&ソルトフィッシュ（果実と塩鱈を混ぜた炒め物）』から付けられてる名前なんだけど、二人と一緒にいると俺は『じゃあ、お前はダンプリン』（同様にジャマイカを代表する小麦粉を練った団子）ってジャマイカ人に呼ばれたりしてた（笑）。アキソルは色々なリンクもあったし、双子のDeeJayという珍しさもあったからだと思うんだけど、ビルトモアにも出演しているんだよね。多分日本人で唯一出演している人達なんじゃないかな？　俺はそれを見ているんだよ。俺はその証人だし二人は俺にとっては誇れる先輩なんだよ」。

そのままサミーはビルトモアでの話をした。「ビルトモアでキムさんとアキソルのヒロ君（ソルトフィッシュ）と俺の三人で話した時があって、それはお互いの国籍の話、韓国人、日本人、中国人の話だったんだけど、キムさんがヒロ君をめっちゃ責めたんだよね。キムさんは戦争で日本に嫌な思いをさせられたって。昔の日本の歌を歌い出して、当時に無理やり歌わされたんだって、日本をめっちゃ憎むように話し続けてさ。ヒロ君も昔の日本は酷かったと言うんだけど、それでもずっと日本を恨むようにヒロ君を責め続けてさ。キムさんもヒロ君に言ってもしょうがないことはわかってたんだろうけど、それでも怒りが収まらない感じでさ。それを見ていた黒人の奴が『昔の話をどうのこうの言ってないで、これからの未来を良くしていけば良いんじゃない？』と第三者的な立場みたいに言ってきて、それはめっちゃ正論だったんだけど、その時にすごく複雑な気持ちにさせられたんだよね。キムさんは俺が韓国人と同じように日本に酷いことをされた中国人として俺に共感や同意を求めていたんだと思うんだけど、俺は日本から来ているし、ルーツはそうでも俺は中国人でもないからさ、それは俺には関係ないという意味ではなくて。ただ、いくら時間が経っても酷いことをやられた側は決してそれを忘れなかったりするんだなって思ったね」。

「あと、パパ・ユージとも再会した。パパ・ユージはその時はジャマイカに向かう途中だったんだけど、一緒にブルックリンのファンキー・スライスっていうスタジオに行ったりした。そこは日本人のヨウイチさん（渡辺洋一）のスタジオでヒップホップやソカがメインだったけど、ニューヨークのレゲエ・アーティストも使ったり、あと、ビギー（ノトーリアス・B・I・G）も使ったりしていたところだった。それから俺もスタジオに顔を出すようになるんだけど、場所がブルックリンのダウン・タウンで夜は危ないエリアに変わって、俺も怖い目に遭ったことがあったけど、スタジオに強盗が入ってヨウイチさんも大変な目に遭ったりしていた。その昼間は普通でも夜になると怪しげな雰囲気に変わることを感覚としてわからないとブルックリンはホントに危険だった」。ファンキー・スライスのスタジオには亡き日本人ヒップホップ・アーティストのデヴ・ラージが修行していた時期もあった。

それ以外にもサミーは何人かの日本人との出会いを話してくれた。「とりあえず当時ってみんな本場に行くことが当たり前だったからさ、ニューヨークにもだけど、ジャマイカの行き帰りにニューヨークに来てたりもしてて、それでつながっていくんだよね。あと、レゲエだけじゃなくて、ヒップホップの人達も本場を知るためニューヨークに来ていた」。ブルックリンのストリートでハスリングしている人もいた。ユニークな人、日本人離れした人が多かった。サミーが今も強く記憶しているのは彼らが揃って強烈な個性と行動力を持った強者ばかりだったからだった。

「みんなそれぞれに年齢だけではなく目的は違ってはいたけど、同じニューヨークでサヴァイヴしている者同士じゃないけど、同じ志を持った仲間として付き合っていくようになっていくんだ。そうした先輩達が異国に一緒にいてくれることは俺からすると心強かったよね。やっぱ毎日のように『チン』『ジャップ』とか言われたりもしていたわけだし、あと、ホーム・シックみたいな気持ちになる時だってあったからさ、そうした先輩と言うか仲間の存在は心強く思えたよ。みんな金も無いし、お互いに助け合う感じだった。お互いに居候させてもらったり、させてあげたりしてさ」。そして、サミーが大学の寮を出て初めて借りることになった部屋にも最初から居候が集まった。

「アトランティック・アヴェニュー541番地」とサミーはその初めて借りた部屋があった建物の住所だけではなく、「日本で言うと六畳のワン・ルームぐらいの広さ」「家賃は最初475ドルぐらい」と詳細をスラスラと口にした。そこは寮を出たサミーに両親がサミーが大学に通い続けていると信じて借りてくれた部屋だった。

そのアトランティック・アヴェニューの部屋の詳細を今でもスラスラと言えるのは、その部屋が今でもサミーにとっては特別の場所となっているからだった。「その部屋は『みんなの館』と呼ばれていたんだ」。その部屋にはサミーが入居した時から既に居候はいた。そして、居候はいつもいた。「一番多い時で12人とかいたよ。もうタコ部屋だったよ。アキソル、マサヤ君、あとジャマイカの行き帰りにニューヨークに滞在する宿みたいに使われていて、H・マン、トントマン、コーンヘッドとか、他にも俺がいない時でも使われていたりしてた。今思うと全員に宿代を請求しとけば良かったんだけどさ（笑）」と、確かにその部屋は「みんなの館」、修行者達の宿だった。

「いや、もうプライバシーなんて全然ないし、そりゃ喧嘩もあったし、俺のベッドを先輩が占領して俺が床で寝たりすることになったりしてたし、『こいつら出て行ってくんないかなぁ』って思ったりもしてたよ。でもね、それでもめちゃくちゃ楽しかったんだよね。今となってみるとあのタコ部屋が俺の中では最高の思い出の場所だし、プライスレスなものになっているんだよね。『みんなの館』で知り合えた人もたくさんいるしね、ああ、ボン君だってそうだよ」。

ボン君とは現在にパパ・Bとして活躍する札幌出身のDeeJay。当時はパパ・ボンの名前で活動していた。その後にマイティー・クラウンにも参加するなど現在もサミーとの親密な関係にある。

「ボン君とはアキソルを通じて知り合った。ボン君の方が俺より全然年上なのに俺が敬語とか知らないからタメ口で話しちゃってたけど、逆にボン君は俺に敬語で話してくれてた。ボン君は最初は俺のことを態度の悪い先輩と勘違いしていたみたい（笑）。でも、俺が敬語を知らなかったのもあるけど、その時は俺はいつもジャマイカ人みたいな態度を取ってたからさ、もうそういうのに感化されたりしてて。いや、もうさ、それぐらいの感じでいかないと奴等の中ではやっていけないということもその時には知っちゃっていたから。それで普段からそうしちゃっていたんだよね。だから、俺は相当態度が悪かったと思うよ。いや、ホント、当時のクソ生意気だった俺のことを理解してくれていた先輩達には感謝しかないよ（笑）」。

そのまま「でも」とサミーは話を続けた。「態度が悪かったのは、『日本の常識としては』なんだよね。日本だと敬語や礼儀、あと謙虚であることや自己主張をしないことが常識や美徳とされるけど、それがニューヨークや黒人の中ではそうはならないからね、常識が違うから。礼儀は必要だけど、敬語は無いし、あと、自分から主張したり意見を言わないと理解してもらえないし、そうしないと消極的やネガティヴな奴に思われるからさ。あと、場合によっては相手に失礼になったりするからね。例えばだけど、それはもっと後の話になるんだけど、ワイクリフ（フージーズのワイクリフ・ジョン）にアルバムを聴かせてもらいながら『どの曲のダブを録りたい？』って聞かれた時に、なんせワイクリフだからこっちも遠慮して一曲だけ選んだら、『一曲だけだと？　あとの曲はダメって言ってるのか？』と言われてさ、ワイクリフからしたら失礼になったんだよね。そうした遠慮もダメなんだよね、日本とは常識が違うんだから」。

自分がサミーの噂を聞き始めた当時に「完全にイカれている」と言われていた理由もこれだった。その是非はともかく、そうした態度を身に付ける必要が当時のサミーとしてはあったからだった。それをジャマイカ人相手だけではなく、日本人相手、また日本の中でもサミーがそうした態度を取り続けてしまっていたのは本場を経験している自尊心の高さ、そのアピール、若さと稚拙さとも言えるが、その自身を通じて本場の世界を、そこでやっていくために必要なことを伝えようとしていたとは擁護できた。サミーだけではなかった。その当時にジャマイカでアキ&ソルトフィッシュに声をかけた日本人の知り合いから「二人に日本語で話しかけたらパトワで返された」と聞いたこともあったが、その当時の修行者達は皆そこまで徹底していたりもした。誰もがその本場で身に付けないといけないものがあり、それを失わないように気持ちを張っていた。彼らは揃ってイカれてはいたがその志は高かった。日本人同士で励まし合ったりはしたが、甘え合ったりはしなかった。それぞれの目的を見失うことはなかった。サミーが名前を挙げた出会った仲間達、居候者達は誰もが日本のシーンの発展に貢献した者ばかりだった。

サミーは話を続けた。「でさ、俺がニューヨークで出会った中で一番衝撃を受けた日本人はコージ君なんだよ」。

コージ君

コージ、パパ・コージは現在にマイティー・クラウンに所属しているセレクター。マイティー・クラウンでの活動に並行して現在はソロのセレクターとしても、スティッコと共にサウンド&レーベル、スコーチャー・ハイ・ファイを運営するなど精力的に活動をしている。サミーとは異なった選曲とプレー、現在も「ヴァイナル・ジャンキー」としてレコードに拘ったスタイルはマイティー・クラウンの中でも重要な役割を果たしているだけではなく、マイティー・クラウンの振り幅とイメージを広げることにも大きく貢献している。

「コージ君の存在を初めて知ったのは『ヴィレッジ・ヴォイス』」。ニューヨークの街中で配布されていたフリー・ペーパー。そこには様々の街の情報が掲載されており、その中にはマンハッタンのクラブ・ハランビのスケジュールも掲載されていた。サミーはその中の「レゲエ・ナイト」と書かれたイヴェントの告知、その出演者の中に「コージ」を見つけた。「やられた〜と思ったよ」。それはサミーがブルックリンで初めてプレーを経験する前のこと、サミーがニューヨークでプレーする機会を求めていた時のことだった。サミーはその時にコージのことは知らなかった。ただ、「他の日本人に先を越されているって思ったんだ」。

サミーはバイト先の日本料理店で知り合ったジュンちゃんと仲良くなる。ジュンちゃんとは現在にジャマイカで宿泊施設ラブリッシュを経営する栃野淳。彼女も当時はニューヨークにいた。ジュンちゃんもレゲエ好きだったことでサミーは仲良くなった。そのジュンちゃんはそれ以前に日本でアキ&ソルトフィッシュの二人とも知り合っていた。「ある時にアキソルからジュンちゃんのとこでパーティーがあるから飯を食いに行こうと誘われたんだ。そして、そこに行ったらコージ君も来ていたんだ。それがコージ君との初対面になった」。

コージはサミーより四歳年上だった。コージも本場を知るためにニューヨークへと渡っていた。コージは当時からセレクターだった。サミーよりも少し早く、1991年に一人でニューヨークに渡っていた。コージも普段は日本料理店でバイトしたり、メッセンジャーのバイトをしながら本場での修行に勤しんでいた。コージもブルックリンに暮らしていた。そのコージの部屋はサミーの暮らす「みんなの館」から二ブロックしか離れていない場所にあった。そこからサミーはコージの部屋に通い出すことになる。

「コージ君の部屋にはターン・テーブルがあったんだよ」。それは「みんなの館」には無いものだった。サミーは自分が買い集めていたレコードをそこで聴かせてもらうことにした。その部屋にはサミーが持っていないレコードもたくさんあった。「その当時からコージ君はヴァイナル・ジャンキーだった」。その知識も情報も持っていた。またコージにもリンクがあった。ニューヨークに様々な知り合いがいた。「コージ君はニューヨークでデヴ・ラージとも知り合っていたりしてた」。その部屋でコージは一人で暮らしていたが、そこにも居候がいる時もあった。「それこそボン君、兄貴もロスからニューヨークに来るようになるとコージ君の部屋に泊まってた」。サミーとの出会いをきっかけがコージにとってもマイティー・クラウンとも出会いとなった。

ジャマイカ初渡航と「クソみてぇな国」

周りの修行者達と同様にサミーもジャマイカに行くことになる。18歳、1993年の夏にサミーは初めてのジャマイカに渡航する。「ニューヨークも本場かもしれないけど、当たり前だけどジャマイカこそが本場でレゲエが生まれた国なわけじゃん？　だから、『とうとう行くぞ』『どんな国なんだろう』ってワクワクしたよね」。

その時はロスにいたサイモンと大阪にいたトクと合流して三人でキングストンに行くことになった。「俺と兄貴は初めてだったけど、トクはその前に行っていた」。滞在予定は一週間程度と短いものだった。「とりあえずレゲエの母国を体験しに行こうって感じで、一番の目的はダブ録りだった。勿論サウンドのダンスに行くとかもあったけど、録れるだけダブを録りたい感じでダブ録りのことばかり考えていた」。そして、その初めてのジャマイカ渡航はサミーにとって「最悪だった」。

キングストンの空港に着くなりサミー達は威圧されてしまう。「第三世界に来たって感じだったよね」。当時のノーマン・マンレー空港の出口には鉄格子が張られていた。その隙間からは人々が空港から出て来る人に視線を向けていた。その暑い気候の中でその視線は冷たく、その日差しと同様に厳しい怒号も浴びせていた。「もう、いきなりチン！、チン！、チン！って感じでさ、すぐに『金よこせ！』って感じでさ」。サミーはこの時も先にジャマイカを経験していた仲間達にジャマイカのことを聞いていなかった。そのブルックリンで身に付けていた対処法も役には立たなかった。その本国ジャマイカで暮らす人達は、ニューヨークで暮らし他から一目置かれるジャマイカの人達よりも遥かにハードだった。そこではニューヨークよりも東洋人の肌色は目立ちもした。

空港の出口でサミー達は取り囲まれた。観光客を宿泊先まで送迎することを仕事にする人達はサミー達のスーツ・ケースを勝手に奪い合おうとしていた。その料金も伝えることなく自分達の車に乗せてしまおうとしていた。彼らも必死だったが、サミーも自分のスーツ・ケースを奪われないように必死だった。そして、サミー達がなんとか辿り着いた宿から出歩くことにしたら、今度はすぐにチンピラに絡まれた。

「レーザーって奴でさ」。そのレーザーはサミー達に街を案内すると声を掛けてきた。自分をガイドとして売り込んできた。勿論それが無料のはずがなかった。それをサミー達が断り、あしらうことにするとレーザーはサミー達にナイフを突きつけた。それに喰らわされた。ブルックリンで慣らしてきたサミーにとっても「いきなりジャマイカの洗礼を受けた感じだったよね。トクはレーザーを『シバいたろか』ってなっていたけど、アウェーだったのもあって手を出すにも出せずにいた」。結局、サミー達はそのレーザーにつきまとわられることになった。このレーザーの存在がそのジャマイカ初渡航の「最悪」のイメージの大きな理由にもなっていた。「もうどこに行くのにもついて来られる感じで超ウザかった」。

そのレーザーはおそらくチンピラに違いなかった。ただ、レーザーからするとおそらくそれが仕事だった。当時のキングストンでは通称「ラガマフィン・セキュリティー」と呼ばれた「自称観光ガイド」とよく出喰わした。外国人、観光客に声を掛け、その危険な街を案内することで収入を得ている人達がいた。ホテルのあるニュー・キングストン地区には名前が知れた人もいた。その人達は危険がともなうキングストン、特に夜のサウンドのイヴェントでは案内だけではなくボディ・ガードも兼ねると売り込み、一見してレゲエ好きとわかる日本からの観光客はそのターゲットとなりやすかった。その売り込み方は最初はともかく、途中からは脅迫めいたり、恐喝めいたりして執拗だった。その人達はその収入のためには手段を選ばなかったし、それがそこでのやり方だった。それがその人達にとってはその暮らしを賭けた仕事だった。その人達は皆貧しかった。ただ、実際にその人達を通じて旅の目的を果たせた人達もいたことは知っている。その人達をチンピラではなく友達として毎回その仕事を依頼していた人達もいた。ただ、サミー達は観光ガイドは必要としていなかった。その目的は観光ではなかった。

「とりあえずアローズに行ったんだ」。サミー達が向かったアローズ・スタジオは当時のキングストンのダブ録りの中心的なスタジオだった。アローズはダブ録りだけではなく、ダブ・プレートもカッティングできたスタジオで、サウンド・マン達を待ち構えるようにアーティスト達が日々顔を出していた。「そこに行けばダブが録れるのは知ってた」。

タクシーでアローズに向かうとサミー達は空港の時と同じように取り囲まれた。「知らねぇアーティスト達が売り込んで来るわけよ、奴等もそれが収入に関わっているから必死だからさ」とスタジオにも近づけないぐらいだった。そのスタジオの入口もそうした人達が入れないように、実際に使用する人達だけを出入りさせるようにセキュリティが立っていた。その時にそこでサミー達はシンギング・メロディを見つけた。シンギング・メロディはその中ではスターの一人だった。「レゲエ・ジャパンスプラッシュ」にも来日していた人気シンガーだった。「メロディはアキソルとも知り合いだったりもして日本人にも慣れていたから、メロディと話してその場を仕切ってもらうことにしたんだ。メロディに俺達が持っていた金を渡して、それでメロディもだけど他のアーティストのダブもまとめて録らせてくれって」。ブルックリンではともかく、サミーはジャマイカでの交渉の仕方や相場とかもわかってはなかった。

シンギング・メロディはサミー達からの依頼を引き受けた。ただ、そのサミー達に代わって交渉してくれるシンギング・メロディに対して、価格が安いと文句を言うアーティストもいた。誰もが金を求めて必死だった。その怒鳴り合いとトラブルをシンギング・メロディは自身で始末した。当時に売れていた自身の立場でその文句を言ったアーティストを黙らせた。その文句を言ったアーティストもそこまで各下ではなかったが黙るしかなかった。その様子を見ていたサミーは「アーティスト同士の中でも序列や格差があるのを初めて知ったよ」。そのトラブルもあってか、スタジオの中の空気も張り詰めていた。サミーもそれに緊張していた。「超ラフ、ブルックリンでのダブ録りとは全然違う緊張感、もう危ねぇ雰囲気だった」。そして、ようやくダブ録りが始まるとまた違う緊張感がスタジオの中を覆った。

当時のアローズではダブ・プレートは「ダイレクト・カッティング」されていた。それはアーティストが歌うのに合わせて同時にプレートに溝を彫りながら製造するやり方だった。もし、アーティストが歌詞や発声を間違えて録音に失敗をすると、そのままプレートがゴミになってしまうやり方だった。それを見守るサミー達だけではなく、それを録るアーティストも緊張していた。その失敗が許されない録音方法が当時のダブの熱量を高めたとも言えた。ダブにはその「一発録り」のヴァイブスも収められていた。そうした緊張感とヴァイブスの中でサミー達はなんとかその目的を達成できた。「ジャマイカでのダブの録り方を知れたし、その時はメロディだったけど、そうやってまとめて交渉を任せるやり方があることを知ったりした。実際に行ってみて初めて理解できることなんだよね」。ただ、その時に録りたかったダブを全部録れたわけではなかった。「一番録りたかったのはガーネット・シルクだったんだけど、アローズでは会えなかったし、その時はアローズで録るやり方ぐらいしか知らなかったからさ」。

サミー達はこの時にジャマイカのサウンドの現場も見て周った。当時のキングストンのサウンドのメイン会場、野外クラブのハウス・オブ・レオでは人気絶頂のローリーが参加したストーン・ラヴのダンスを体験した。しかし、その比較的安全とされたハウス・オブ・レオでサミー達は発砲事件に巻き込まれた。「途中でいきなりガン・ショット（発砲音）が鳴ってさ、ガン・マンが銃を撃ち始めてたんだ。そういうのも俺はブルックリンでは経験していたけど、その時はなんかビビったとかのレベルではなくて完全にパニック状態だったよ。周りの人達が必死に逃げているから余計に怖くなるんだよね」。ただ、サウンド・マンらしく、その発砲音だけではなくストーン・ラヴのサウンド・システムの音も覚えていた。「めちゃくちゃ音の鳴りが良かった。気持ち良く通るクリアの音なんだけど迫力も満点で。これがジャマイカのサウンドのスタンダード（基準）だとしたら、俺達が作ろうとしてるサウンド・システムのハードルは高いなって思った」と話して、そこからまた草の話になった。

「その時に会場で売りつけられたんだよ。もうスプリフ（煙草状に紙で巻いてある大麻）になってるのを買わされたんだけど、ホテルに帰ってみたらほとんど中身はタバコの葉っぱで、草とかはちょろっとだけの詐欺みたいなブツだったんだよね。レーザーもそうだけど、ジャマイカにはそうやって俺ら観光客をターゲットに商売している奴が色々といたんだよね。ブルックリンにいる時よりも自分がアジア人と言うか外人、ジャマイカンからしたら俺達はよそ者だということは思わされたかな。ジャマイカはニューヨークみたいに色々な人種がいるわけでもないしさ、当たり前だけど、ジャマイカは奴等の国なんだよね」。

サミー達はこの時にジャマイカのサウンド・クラッシュも見た。幾つか見た中で「ストゥーデント・ユニオンでやったシルヴァー・ホークとジャム・ロックのクラッシュに衝撃を受けたね」。もともとサミーはシルヴァー・ホークのファンだった。そのオーナーである〈スティーリー&クリーヴィ〉のスティーリーが自身のサウンド用に用意したオリジナルなリディムで制作されたダブに「他とは全然違っていてさ、ダブもオリジナルみたいなって感じで、スティーリーが録ってんだから当たり前だけど音質とかも良かったんだよね」と魅了されていた。それを生でジャマイカで聴けた喜びもあったが、サミーが衝撃を受けたのはそこで繰り広げられていたサウンド・クラッシュだった。

「もうその時にはサウンド・クラッシュはラバダブではなくて、ソウル・セットでやる時代で、ダブとMCで対決するようになってた。それまでのラバダブのようにお互いのパフォーマンスで競い合うよりも、もっとキル（殺し合い）な感じにもっとハードなものに変わっていた。ちょうどバッド・ボーイの時代だったけど、ダブもMCも相手に向かって『ブッ殺すぞ‼』みたいになってた。で、それに俺は衝撃を受けるんだよね、かっけぇ〜って。ブルックリンでもそうしたサウンド・クラッシュは見ていたし、それも熱かったんだけど、この時にジャマイカで初めて見たサウンド・クラッシュにスゲぇ魅了されたんだ。客の熱気も全然違ってて、その熱さ？　その男気と言うか、ダブとMCだけで相手をブッ殺していくサウンド・マンの迫力に喰らっちゃったんだよね。それを見て、俺もこれぐらい熱いサウンド・クラッシュをやりてぇってなるんだ。まだガキだったのもあったと思うよ、それぐらいの年齢の頃ってそういう男の熱い世界や戦いとかに憧れたりするじゃん？」。サウンドとしてだけではなく、クラッシュ・サウンドとしても本場の舞台で活躍できること。サミーがマイティー・クラウンにそう目標を追加することになったのはこのジャマイカでの体験だった。

それ以外にもサミーはこの1993年のジャマイカ初渡航の話をした。その中でパパ・ユージの話もした。その時にパパ・ユージはキングストンで修行していた。ゲトーのコックパンベンで暮らしていた。外部の者を遮断するジャマイカのゲトーの中で日本人が暮らしていたことも驚くべきことであったが、パパ・ユージはハード・コア、硬派サウンドとして知られるキラマンジャロでもマイクを握り、それが録音されたカセットを通じて話題を集めるぐらいにジャマイカで活動していたこともさらに驚くべきことだった。そのパパ・ユージに会いにサミー達はコックパンベンに向かった。しかし、サミー達はそのゲトーの入口で止められた。

「『お前達は誰だ？　何しに来た？』って感じだよね。野生の目って言うのかな、なんかスゴい目で睨まれたりしてさ」。部外者の出入りに神経を尖らせるのはゲトーの常識だった。ただ、サミー達が「パパ・ユージに会いに来た」と伝えると彼らはそこを通してくれた。しかし、その時にはパパ・ユージは不在だった。それでもゲトーの住民はサミー達をもてなしてくれた。「コーン・ミール・ポリッジ（お粥）を作って出してくれたんだね。でも、ゲトーのだから味もしないんだよ、奴等には味付けするスパイスを買う金もないからさ。美味しいポリッジもあるんだよ、でも、そのゲトーのは正直不味かったんだ。で、ポリッジって少し食べただけで結構腹が膨れるから、ゲトーでは空腹を満たすための食べ物だったりもするんだけど、それも奴等からしたら貴重な食べ物であってさ、だから、それを残すわけにはいかないって、腹パンだったけど無理して全部食べたら笑っていたね。奴等だっていつも空腹なはずなのに俺達がパパ・ユージの友達だからってわざわざ作ってくれたんだよね。初めてゲトーの洗礼を受けた経験だったけど、そこの人達の温かさにも触れられた」。

それは、パパ・ユージがいかにジャマイカのゲトーの中だけではなく人達の気持ちの中に入り、レゲエ・アーティストとしてではなく一人の人として彼らとしっかりとした関係を構築していたかを知れる話だった。サミー達へのもてなしは彼らからのパパ・ユージに対してのリスペクトの表れだった。

「あと、なんでそうなったかは覚えていないけど、スーパー・ビューグルっていたじゃん？そう、アーティストの。彼にも飯とかに連れて行ってもらったりした。それまでどこ行っても『金、金、金』と言われたりしていたり、レーザーにつきまとわれたりしてたのもあったからかもしれないけど、そうした人達の優しさみたいなのが余計に染みたりもしたね」。

その話に続けてサミーは「アキソルのカバン」の話もした。「俺が最初にマンハッタンの寿司屋に会いに行ったのもアキソルのダブを録りたかったんだよね。その当時はアキソルもだけど日本人アーティストのダブがない時でさ。でも、断られたんだよね。なんか『ジャマイカに置いたままになっている俺達のカバンを持って来たら録ったる』って言われてさ」。サミーはその初めてのジャマイカ渡航の時にそれを実行することにした。「取りに行ったよ、そこもゲトーだったよ」。そして、サミーがそのカバンをニューヨークに持ち帰ったことで、アキ&ソルトフィッシュの二人は約束通りにダブを録ってくれた。「それがマイティー・クラウンの初めての日本人アーティストのダブになるんだよね」。

そのカバンを目にした時にアキ&ソルトフィッシュの二人は「ホントに持って来たんか⁉」と喜んだ。しかし、サミーが見る限り、そのカバンには「網シャツや洋服ぐらいしか入ってなかった」。二人がそれでもそのカバンを持って来ることをダブを録る条件にしたのは別の理由があった。「今になってから確認したら俺を試したんだって」。二人が喜んだのはカバンではなくて、サミーの本気度を知れたからだった。

初のジャマイカ渡航はその目的を果たせただけではなく、様々な体験や経験、短い期間ではあったが充実した時間となったように聞こえた。しかし、サミーは「いや、最悪だったよ」と繰り返した。「だって、ジャマイカを出る時には『やっと帰れる、二度と来るか〜』って思ったもん。『クソみてぇな国』と思ったからね。兄貴も言ってたけど『全然ワン・ラヴじゃねぇじゃん』って」。ただ、ニューヨークに戻るとサミーは冷静に振り返れた。その中で「無知だったことが理由だったんだよね。俺達がジャマイカやジャマイカ人のことを知らな過ぎたんだよ」と、その「最悪」の原因は自分達にもあったとサミーは気付いた。

「ずっとレーザーにつきまとわれたり、どこでも金を求められたり、ガン・ショットや草の話もそうだけど、とりあえずさ、なんもわかってなかったんだよね。どう立ち振る舞って、どう動くべきかもさ。なーんもわかんないままに行ったら、そりゃそういう目にも遭うし、そういう気持ちにもさせられるんだよね」。それが自分がジャマイカに通用しなかった気持ちにさせた。それが悔しかった。「ジャマイカに負けたような気にさせられてさ。ちょっとブルックリンでわかった気になっていたりもしてたのも良くなくてさ。あと、俺のジャマイカの人達への態度にも良くない部分もあったとも思ったんだ。奴等の国だからね、そこはブルックリンのジャマイカ人とはまた違う感覚があるからさ」。サミーは再びジャマイカに行くことにする。「もうリベンジするしかねぇって」。

ジャマイカ・ジャマイカ

「そんでその翌年、1994年に行くことにして、そこからは毎年ジャマイカ行ってる。コロナの時期の二年間を除けば毎年行っているし、年に何度か行ったりもした」。

二回目の渡航に向けてはサミーは周到に準備したと言う。初回の経験から滞在先から現地での動き方を見直し、ダブ録りのやり方や交渉の仕方にもリベンジに向けて準備をした。「最初の経験から『だったらこうしたらいいんじゃやねぇか、こういう動き方したらいいんじゃねぇか』って考えたり、録りたいアーティストに会う作戦を立てたりしたんだよね」。ダブ録りに関してはこの時から誰かを介在せずに自分達で直接アーティストと交渉して録りたいダブを録ることにした。

「二回目の時までにもっと準備してダブもアローズ以外でも録れるようにしたんだ。それまではアローズで録るやり方しか知らなかったけど、誰もがアローズに来たりするわけではないからさ。二回目の時にはジュニア・リードと自分達で交渉してジュニア・リードのスタジオでダブを録れるようになってた。ジュニア・リードもビッグ・アーティストだし、そのスタジオも誰もが勝手に入れる場所じゃないから、自分達で事前に交渉して録れるようにしたりしてね。一回目の時は何も知らないまま行ったのもあったけど、それを経験したことでわかったことがあって、それで二回目に行く時までに色々と情報を集めたり連絡先を調べたりして、そうできるようにしていったんだよね。でも、思い通りにいかないのがジャマイカなんだよ、その時も他にも録りたいアーティストはいたんだけど、唯一録りたかったアーティストの中で録れたのがジュニア・リードだったんだ」。

また、二回目からはジャマイカ人との接し方も改めた。「最初の時にレーザーにいきなりナイフ出されてビビっちゃったんだけど、それから毎年通うようになってもそういうことはあるの。街のギャング、チンピラもだけど、警官だって脅してきて金を取ろうとするようなところだからさ。でも、そうやって奴等が日本人には最初にカマかけてくるのも行く前からわかってくると、その対処法もわかってくるんだよね。距離の取り方、かわし方みたいなのも。例えばニンジャマンなんだけど、奴もスタジオでいきなり俺にナイフ出したりしたことあったんだよ。でも、その時も『おいおい、ニンジャ、マジかよ、俺を刺すってかよ、冗談だろ』ってパトワで笑いながら言うと、ニンジャマンも『あれ？ こいつパトワ話せるし、こいつは慣れてるじゃんか』って感じでなんかバツが悪そうにナイフを戻したんだよね。そりゃ、その時はビビったよ、なんせニンジャマンだし（現在殺人罪で服役中）。でも、要はさ、そうやって奴等は俺達がビビるかどうかって試してくるってことなんだよ。それがわかってくると相手によって色々なかわし方も経験からわかってくるんだよね」。

「あと、ニンジャマンじゃなくてナンジャマン、日本のDeeJayのナンジャマンと兄貴と俺の三人でジャマイカにいた時にガン・マンに襲撃されたこともあった。ブジュ・バントンのダブ録りをしに当時のブジュのセル・ブロック・スタジオに行ってた時に、ブジュを待ちながら庭先でドミノ（ゲーム）をやってたら二人組のガンマンが現れて俺と兄貴が頭に銃突きつけられて、持ち金とタバコを盗られたんだ。もうさ、俺と兄貴に銃突きつけてる奴がポン中（薬物中毒）でずっと手が震えていて、いつその指を引かれて撃たれるかわかんなかったからめちゃくちゃ怖くてさ、その時は鉈を持ったラスタマンが出て来て『何やってんだ‼』って追っ払ってくれたんだけどマジでヤバかった。もう映画のワン・シーンみたいでさ。いや、拳銃持った二人組を鉈で追っ払ったラスタマンがスゴいって話じゃないよ。その時に俺達三人がガンマン達から取られたのは全部で日本円で４５００円ぐらい、あとタバコぐらいだったんだけど、ある意味その程度で済んだんだ。ブジュのダブ録りに行ってたから実際にはもっと金は持っていたよ、でもさ、もうその時にはジャマイカでの歩き方、そういう時には全部をポケットにまとめて入れたりしないで、小さいポケットに小分けにして持ち歩くようにするとか、そういうのも経験から学んでいたんだ。だから、それぐらいで済んだんだよ。でもさ、この時はこの時でまた失敗もしてるんだよね。そのスタジオはゲトーの通りに面しているんだけど、そんな所に日本人が三人揃っていたらそりゃ目立つわけよ。相手からしたらカモになる日本人が目立つように立っているわけでさ。気を張ってるつもりでも緩んでいるんだよ。だから、そういう目に遭うってことをまた学ぶわけよ。でさ、この時はその後にブジュも出てきて、スタジオの奴が警察を呼んで俺らも被害届みたいな用紙を記入していたんだけど、誰かが『あそこに犯人がいる』って言いに来たら、警察がそこに行って屋根の上にいた奴等に向かっていきなりM‐16（ライフル銃）で撃ち始めたんだけど、それにも驚いた。まぁ、ゲトーの人達は違う人達がいるとすぐ気付くんだろうけど、警官も容赦無く撃ってたしね。もう、ゲトーやジャマイカでは何が起きてもおかしくないんだけど、そういうのも学んだね」。サミーは何度も「経験」と口にした。

「そういう失敗の経験の繰り返し、それを一つ一つ理解していくことで失敗したことに一つ一つリベンジしていく感じ。結局さ、経験を積み重ねていくしかないんだよ。それで変わっていくんだよ」。

ジェネラルとスターライト・ボールルーム

1994年。サミーはジェネラルと出会った。それは偶然の出会いだった。サミーにとっては重要な出会いとなった。「マイティー・クラウンの初代マネージャーなんだよね」。ブルックリンのレコード屋、スーパー・パワーの向かいにはバーバー（床屋）があった。サミーはそこに立ち寄った。髪を切るためではなかった。そこでも草が売られていた。そこにジェネラルがいた。「そこはジェネラルが奥さんにやらせていた店だった。ジェネラルはガイアナ人だったけど、〈グッド・タイムス・プロダクション〉っていうレゲエのレーベルもやっていたり、ケイプルトンのメジャー進出に関わっていたり、ブルックリンのキングストン・スタジオを任されていたりもしていた。あと、LPインターナショナルのメンバーではなかったけど近い存在で、当時のブルックリンのレゲエ業界やサウンド関係には顔が広い人だった。とにかくその当時のジェネラルは羽振りも良くて、やり手って感じの人だった」。ジェネラルは最初に会った時からサミーにフレンドリーに接してくれた。サミーがサウンドをやっていることにもジェネラルは興味を持ってくれた。それをきっかけにしてサミーはジェネラルと一緒に食事に行ったり、車であちこちに連れて行ってもらうようになった。仲良くなっていく中でジェネラルは関係が近かったケイプルトンやシュガー・マイノットのダブをタダで録ってくれることもあった。

ジェネラルはその年の10月に自身の誕生日を祝ったイヴェントを開催することにしていた。そのイヴェントにはLPインターナショナルやスペクトラム、アース・ルーラーといったニューヨークのトップ・サウンドが出演する予定になっていた。それができるぐらいにジェネラルはブルックリンのレゲエ・シーンの中では知られていた。会場もスターライト・ボールルームだった。「ビルトモアは別格にして、スターライトはティルデン・ボールルームと並んでブルックリンではサウンドのイヴェントが開催される有名な会場だったよ」。ジェネラルはそのイヴェントにサミーに出演を依頼した。

「またとないチャンスが回って来た！って思ったよ。とにかくプレーできる機会を探していた時期だったし、スターライトは俺もプレーしたい場所だったし、他の出演サウンドを聞けば、ついにそのチャンスが来たって思ったよね」。ジェネラルはそれまでに一度もサミーがプレーするところを見たことはなかった。それでもそのイヴェントのポスターではサミーの写真を他のトップ・サウンドと同格に扱い掲載して、「MIGHTY CROWN Japan's #1」とクレジットした。そこにその当時の二人の関係性も表れていた。

「忘れもしない10月15日」とサミーはその公演日を正しく記憶していた。サミーはプーマとステレオ・フィッシュのゴールデン・コンビで登場したLPインターナショナルの後にプレーすることになった。ジェネラルはその夜の「結構いい時間帯」をサミーに用意していた。スターライトのキャパは５００〜６００人、その客と他のトップ・サウンド、そしてジェネラルが見守る中でサミーはステージに出た。「とにかく『ここでカマさないと！』と必死だった」。サミーは持っていたダブ、知ってるパトワを駆使して懸命にプレーした。実際には30分程度の出演時間だったが、一時間ぐらいに感じていたと言う。サミーは「めちゃくちゃ興奮していた」。そして、長く感じた興奮の中でサミーは手応えも感じていた。

「かなり良い印象を残せたと思ったし、俺の中では『めっちゃ盛り上げたぞ！』ぐらいの感触だった。足を運んでくれた日本人の仲間からも賞賛された」。サミーにとっては「忘れられない夜」になった。ニューヨークに来て遂に、初めてカマせたような気分になった。ジェネラルはサミーに「お前はビッグ・サウンドだ」と言ってくれた。札束も握らせてくれた。そのほとんどは5ドルと10ドル札だった。その約５００ドルがサミーが初めてニューヨークで手にしたギャラだった。それだけではなく、ジェネラルはサミーを売り出すことを熱く語ったりもした。それでジェネラルがサミー、マイティー・クラウンのマネージャーになることになった。

「でも」と、「今思うと」とサミーはその夜を振り返った。確かにサミーは盛り上げた。賞賛もされた。自信にもなった。ただ、それも「客も他のサウンドも初めて見る日本人のサウンドが物珍しかったりもしたと思うんだよね。それも18歳のガキが一人で必死になってダブかけたりパトワ話しているのを見て、みんなハードコアな人達だったけどそれでもそんな俺を温かく見守っててくれていた感じだったりもしてさ。それとジャマイカ人ではない俺がレゲエのカルチャーに触れてるのを彼らは喜んでくれてた。だから俺が盛り上げたのではなくて、そうした周りの人達が俺を盛り上げてくれていたって言った方が正しいと思うんだよね。その時はわからなかったけど、そうやってみんなで誰かを成長させるようなカルチャーみたいなのがあるからね。いや、盛り上げたんだよ、でも、今になってそういうことも知るとそういう感じもあったように思えたりもするんだよね」。

それでも念願だった本場でのトップ・サウンドとプレーする初めてのチャンスをサミーがやり遂げてみせたことには変わりはなかった。ジェネラルがマネージャーを買って出たことはそれを証明もしていた。サミーはニューヨークで大きく飛躍するきっかけを掴んだはずだった。しかし、サミーはそうは思ってはいなかった。「順調……、まぁ、そう聞こえるかもしれないけど、そのスターライトのすぐ後にはスランプに陥っていたんだよね。この94年ぐらい、そっから95年に掛けての期間は俺の中ではちょうど壁にブチ当たっていたイメージになっているんだよね」。

スランプ

「92年の9月にニューヨークに来て、そっから三ヶ月の間にめちゃくちゃ吸収したって言ったじゃん？　ロウアー・イースト・サイド・レコードからバドゥを紹介されて、ブルックリンに行ってダブ録ったり、バドゥのレストランのところでパトワを覚えたり、ビルトモアでサウンド・システムに喰らったり、色々とそれまでに知りたかったことを知っていったって話したじゃん？　まっさらだったスポンジに全部吸収していったって。その翌年にはブルックリンでプレーしたり、ジャマイカに行ってたりもするんだけど、そこからの進歩みたいなのがなかなか感じられなくなってさ。今から思うと、その最初の三ヶ月が濃過ぎたんだよね。スピードが早過ぎたり、刺激も強過ぎて、吸収したことが多過ぎたのかもしれないけど、それが当たり前になってきたり、それに慣れ始めるとそこからはなんかそれの繰り返しみたいな気持ちになっていたんだよね」。

「だいたいわかってくるじゃん、ダブの録り方も、ジャマイカ人との付き合い方も、街の動き方とかも。レコード屋はどんどん開拓してって、多分この時期が一番レコード買っていたと思うけど、そういうのも慣れてくると刺激が足らなくてさ。それがつまんなくなったとかではなくて、最初の三ヶ月のイメージが俺の中でもデカかったから、一気に知りたかったことを知れて、それが刺激的だったんだけど、それをもっと何か求めてしまうようになってさ。その時期ぐらいに次のステップってどうやったら進めるんだ？って思うようになっていたんだよね」。

「結局さ、バイトして、レコード買って、ダブ録って、ダンス行って、たまに回ってきたイヴェントに参加してまたバイトして～とかのルーティンに自分がハマってしまっていたんだよね。勿論そうした中にも刺激はあるんだけど、足らないって言うか、変化がないんだよね。買ったレコードや録ったダブで俺もプレーしたいんだけどそれがなかなかできない、継続的にプレー出来ないこと、自分にまだ実力が足りてないフラストレーションもあった。もっと上を見てたからね、奴等と同じ土俵を。サウンドだし、俺はセレクターだからさ、当たり前だけどプレーする機会とそこでの刺激が欲しいんだよね。それもあってスターライトで回せたことはとっても大きかったんだけど、そのスターライトの少し後にはそんな気持ちになってたね」。

そうしたプレーをする機会を求めていたのはサミーだけではなかった。その本場でそれを求めていた本場のサウンド・マンは他にもいた。少しでもその機会を得て、少しでも名を売りそれを職業としてその世界でのスターになることを求めていた者は山ほどいた。それを職にしなければいけない環境に暮らす者もいた。ジャマイカと同様にブルックリンには貧しい環境の中で暮らすジャマイカ人は多かった。名のあるサウンドに所属している者ですらその機会を求めていた。名のあるサウンドに所属していれば安泰の世界ではなかった。名のあるサウンドでも進化していく必要があった。その中で切り捨てられていく人達も出た。そこで経験して独立していくこともその世界での慣わしでもあった。後にサミー、マイティー・クラウンの好敵手となるトニー・マタロンも当時はキング・アディーズのメンバーだった。サウンドの世界はダンスホールと同様に新陳代謝が繰り返される世界、変化と更新し続けていく世界、常に新しい才能がその本場の中でチャンスを伺っている世界で、特にニューヨークのサウンド・シーンが隆盛を極めていた90年代はその競争も激しかった。その当時の日本から来た無名のガキでしかなかったサミー、その中にルートもパイプも築けていなかったサミーが簡単には入れない世界だった。

ジェネラルがマネージャーになったことでそうした状況も変わるかに思えた。しかし、「そんなことはなかったよ。ジェネラルがマネージャーになってもそんなに変わらなかった」。当時に手広くビジネスをしていたジェネラルはサミーだけには構ってもいられなかった。マネージャーとして積極的にサミーを売り出そうとしているようにも見えなかった。ただ、サミーはそれを不満には思わなかった。「無理もないよ、だってそんな売れるとか呼ばれるほどのスキルを持っていないことは俺がわかってたからさ、まだまだの状態だったからさ」。それでも全く変わらなかったわけでもなかった。ただ「一つ決まっても、次にプレーできるのはまた何ヶ月後じゃあさぁ、とにかく俺はもっと場数を踏みたかったんだ、スキルを上げるために経験したかったんだ」。

サミーはジェネラルに頼ることなく自分でも動いてもいた。「ライオンズ・デン、ブッダ・バー、そういうマンハッタンの店ではやらせてもらったりはしていた。自分なりに経験値を上げようとはしていたけど、それでは物足りなかった」。

それがサミーの言った「スランプ」と「壁にブチ当たってた」の意味だった。サミーは繰り返した、「力不足。一言で言えば俺の力不足なんだよね。俺がその本場のレベルには達していなかったってことなんだよね。日本人のサウンドっていう物珍しさはあったけど、その世界で普通にやっていくのには全然レベルが追いついてなかった」と当時の自分がその世界の中でやっていくのにはその実力が足らなかったことを繰り返し説明した。また、その中でサミーは一人で続けていくことにも「限界を感じていた」。ただ、それは個人としての可能性の限界を意味してはいなかった。

「その当時の俺のスキルや力量では一人でやるのには限界があったってことかな。今なら全然余裕だよ、一人でレコードを回してMCすることは全然平気だけど当時の俺にはその実力が足りてなかった。その頃にベース・オデッセイのスクインジーが一人でキング・アディーズを潰しているのを見たことで余計に自分の実力の無さも痛感させられたりもしたんだ」。スクインジーが所属したジャマイカのサウンド、ベース・オデッセイも後にマイティー・クラウンと激しく戦うことになるが、スクインジーはサミーにとっては憧れの存在だった。この一人で強敵を殺してみせた時の衝撃のようにスクインジーはサミーが欲するスキルやエナジー、その全てを兼ね備えた名サウンド・マンだった。今は亡きスクインジーに対してサミーが今でも特別な思いを抱いているのはその数々の激闘の思い出だけではなく、それ以前から憧れ、尊敬し続けていた特別な存在でもあったからだった。その喪失を今もサミーは嘆く。その亡くなる直前まで現場に立ち、戦うだけではなく勝つためには必要な執念を見せていたスクインジーの姿もサミーは忘れていない。

「その時にその状況を変えるには俺一人ではなくてチームとして、マイティー・クラウンとして動くべきにも思ったりもした。冬と夏は横浜で集まってやっていたけど、チームとして本場の中でやれるぐらいにレベルを上げていくべきに思ったりしてた。あと、俺はMCもできるけど、もともとレコードを回すことが好きだったのもあって、もっとそっちをやりたい気持ちもあった。もっとセレクターとして自分を極めたいって言うかさ。サウンドってセレクターとMCの組み合わせ、曲とトークの組み合わせでプレーの流れやテンポを作っていくんだけど、その曲をプレーする方、セレクターとしてのスキルをもっと上げたい気持ちもあったし、もっと上げないとそれ以上は上にはいけないと思っていた」。そのセレクターを極める、それをまずは徹底的にやりたいと思うようになったのにはその時のマイティー・クラウンの中での状況の変化もあった様子だった。

「ちょうどその頃は兄貴がロスの大学を卒業した時期だった。そう、マスタ・サイモンはちゃんと卒業してますよ（笑）。兄貴はそれまでもロスからよくニューヨークには来てたけど、それでそれまでよりももっと長い期間ニューヨークにいれるようになるんだよね。

ジェフリーはその頃にはフェイド・アウトしていた。ジェフリーにはジェフリーで他にもチャレンジしたいことがあった」。

「あと、この年にはスティッコがニューヨークに来ることにもなった。スティッコはサンディエゴから一度日本に戻って、そこからサウンドでエンジニアをやるためにマンハッタンの専門学校に通うことになった。スティッコはその専門学校だけではなくて、ブルックリンのHC&Fスタジオでもエンジニアの見習いをしてた。そう、フィリップ・スマートのスタジオ、スーパー・キャット、シャバ・ランクス、シャインヘッドとかが通ったり使っていた名門スタジオにスティッコもいたんだよ。今もスティッコが俺達のサウンド・システムを組む時のメインになっているのはそこで学んでいるからなんだよ」。

「で、その頃には兄貴はもうDeeJayではなくてMCに専任していたし、スティッコもその時にはMCしていた。スティッコはファイヤー・ボールに加入する時にまたDeeJayになるんだけど、その時はMCだった。だから、俺もセレクターに専任できる状況になっていたから、もう俺一人ではなくて、そのチームとして、マイティー・クラウンとして本場でやっていけるレベルにしていくタイミングにも思っていた。そのチームとして本場の中で経験して上がっていくようにしたかった、もっとチーム全員で本場のレベルに近づけていかないと、って」。この時にマイティー・クラウンは初めて全員がニューヨークに揃うことになった。「兄貴はニューヨークではコージ君のところに泊まったりして、スティッコは俺と『みんなの館』に一緒に住んだりして、みんな近所だったりもしたんだ。兄貴もだけど、小一(小学校一年)の時からの同級生のスティッコが一緒だったのは心強かったよ」。

「コージ君が正式にマイティー・クラウンに入るのはもう少し後、97年ってことになるのかもしれないけど、もうこの時から俺達はそうやって一緒につるんでいたし、俺はもうこの頃にはコージ君にも『コージ君はマイティー・クラウンだから』って言ってたよ。俺の中ではその時からコージ君はマイティー・クラウン」。

この時期に全員が揃ってニューヨークの本場を体験していたことはマイティー・クラウンにとっては重要な時間となった。全員でその本場の質を確認し合い、自分達が目指すべき世界を全員で共有し合える時間となった。その意識と足並みを揃える時間となった。

帰国と地元と「ふざけんな」

サミー・T、マスタ・サイモン、スティッコ、パパ・コージ。マイティー・クラウンのメンバーはニューヨークに揃った。しかし、サミーはそのニューヨークを離れることにした。

「中途半端な感じに思ったんだよ。初めてビルトモアで本場を体感した時に、俺はこれを日本に持ち帰りたい、伝えたいって思ったって言ったじゃん？　その本場のサウンドと同じ土俵に立ちたいと思ったみたいなことを言ったじゃん？　俺はそうやって日本と本場の海外の両方でやっていくことをその時から目指していたんだよね。でも、その本場での活動は話した通りに実力不足だったこともあって全然思い通りにはできていなかった。とにかく、現場での経験を積みたかった。でも、ニューヨークでは無名でオファーを待っても入れないし、自分でイヴェントを組んでも客が入るとも思えなかったから、日本で経験を積むことにしたんだ。当時の日本での活動も冬と夏に帰国した時だけで、それもまだまだ全然な感じで、それも中途半場にも思えたんだよね」。サミーはマスタ・サイモンと共に横浜に戻ることを決断した。その本場からの撤退の説明は敗走にも聞こえた。サミーはそれを否定した。「全然そんなんじゃないよ」。

「その中途半端の状況を変えるために戻ることにしたんだ。俺と兄貴が横浜に戻ってまずはマイティー・クラウンを固めようって。横浜に戻ってもジャマイカにはダブ録りに通うし、その時にはニューヨークにも行くから、ニューヨークにいる時にはそこでも活動できるって。スティッコもコージ君もニューヨークには残っているし、そこで一緒にやれるしさ。俺がいない時でもスティッコとコージ君にニューヨークでダブ録れるしさ。俺だけで言えば、それまでのニューヨークと横浜を逆転させた感じになるんだけど、マイティー・クラウンとしてはそんなに変わる話でもなかったから。まずは横浜でマイティー・クラウンを一度固める、それで本場でもやるって感じ。もし、それを撤退と言うのなら、逆だね。それなら、前進のための撤退と言うね」。

サミーの言う「マイティー・クラウンを固める」はサミーをセレクターに、マスタ・サイモンをMCにしてマイティー・クラウンとしてのプレー、そのスタイルを確立するという意味だった。サミーとサイモンがそれまでに養ってきたアイディアをブレンドさせることだった。それを「固める」上でより多くプレーして経験を積む必要性をサミーは感じていた。横浜の方がそれが可能となると考えていた。ただ、それだけが戻る理由でもなかった。「これも本場で学んだことなんだけど、『まずは地元』なんだよね。そん時の俺達はそれも中途半端に思えていたんだ、地元を盛り上げてもいないのに、って。地元も盛り上げられない奴が他に行っても盛り上げられないだろう、って」。

ニューヨークでもそれぞれの地域ごとにサウンドが存在する。どのサウンドもそれぞれの地域ごとにその地元の人達に向けてプレーをすることからスタートしている。それぞれの地域の人達の嗜好に合わせてプレーする中でその個性を磨き、その地域をレペゼンするサウンドとなって他のテリトリーへと進出していく。ニューヨークでもブルックリンとブロンクスではサウンドがプレーする曲が異なるように、ジャマイカでもゲトー（貧困層地域）とアップタウン（富裕層地域）では異なっている。そうしたサウンド同士の対決、サウンド・クラッシュに人々が熱くなるのには各サウンドに存在する背景もある。サウンド・クラッシュはサウンド同士の対決だけではなく、それぞれの地域の人達のプライドを賭けた対決でもある。「日本でも甲子園で地元の高校を応援する感じだよね」。

「だから、まずはマイティー・クラウンを固める、レベルを上げる、そんで地元の横浜を盛り上げる、そんで本場でもやるって感じ」「本場とやるためにも日本でまずは金を貯めて、武器（＝ダブ）をもっと溜め込まないと対戦できないと思ったからさ」とサミーは説明して、そのまま「横浜に関してはサウンド・システムも作れるタイミングだったし。毎回ニューヨークから持ち帰っていた機材や部品が揃った感じになっていたし」と言い、合わせて本場に関してのその時のサミーの思いも話した。

「嫌気がさしていたんだ……。最初は仕方無いんだよ、なんもわかっていなかったんだから、本場に行って奴等に『教えてください』って下手（したて）に出ないといけないのは。でもさ、だんだんとわかってきても見下され続けるんだよね。サウンドは奴等のカルチャーだし、ダンスホールもレゲエもそうだから、それも仕方ないと言われたらそうだよ。『俺達の音楽とカルチャーで日本人のもんじゃねぇ』って言われたら、そうだしさ。あとその中では俺も全然だったから、そう扱われるのも仕方なかったのかもしれないよ。奴等といても俺だけそこにいないような扱いされたりしたしさ」。それが嫌になって帰国することにしたのか、と確認するとサミーは「そういうことを言ってるんじゃない」と少し苛立った。

「結局さ、東洋人、日本人ってだけで見下されるんだ。それはサウンドの中の話だけではなくて。街を歩けば『チン』『ジャップ』なわけで、奴等の東洋人のイメージはデリとかやってる英語もろくに話せない連中で、日本人はカメラぶら下げたアホな観光客のイメージで、もうバカにしてんだよ、見下してんだよ、それが奴等の中では当たり前でずーっと格下に扱われるんだよ。白人がいて、その次に黒人がいて、その白人と黒人の国で、東洋人や日本人はその下で、そこには入ってないように扱われてさ、それに嫌気がさしたんだ、そう扱われることだけじゃなくて、そうした奴等のマインドに嫌気がさしたんだ。それを見返してやりたい、ひっくり返してやりたい、いや、違うな……、わからせてやりたい、奴等にわからせてやりてぇって思ったんだ。それなら俺達が横浜だけじゃなく、日本、日本人、東洋人をレペゼンするサウンドになって本場の奴等に、奴等が『俺達のカルチャー』って言うその中でそれをわからせてやるって。俺はビビリかもしれねぇけどナメられたくねぇんだ。バカにされたくないんだ。ずーっと奴等にナメられていたからさ、ずーっとふざけんなって思ってたからさ」と当時の感情のままに怒りを込めて言葉を吐いた。

1995年。サミーは横浜に戻った。

GANSTA PROMOTIONS
PRESENTS
A NIGHT CALLED
WELCOME THE OUTLAW
WHEN 6IX SOUNDS CRASH
FRIDAY MARCH 5th, 1993
at the spacious
128 EAST 59th STREET
BET. CHURCH AVE & SNYDER AVE.
FEATURING LIVE FROM JAPAN
MIGHTY CROWN
WITH SAMI-T & SIMON
RESCUE RANJA
WITH WEBBY, DRE' & GOLDIE
BIGGA BOSS
WITH CHIGGA & RATTA P.
ARISTOCRAT DISCO
WITH DADDY NOLE & DEV. ROOTS
WHIP APPEAL SOUNDSTATION
WITH GANSTA
ADM: $5 B4 12 $7 AFTER
LADIES FREE B4 12
SILVER SWORD
WITH STEVIE WONDER, JR. GRINDS & JUNJO
SECURITY: GENERAL CHIPPA
BIG UP: ARISTOCRAT, BIG BOSS, RESCUE RANJA, SILVER SWORD, MIGHTY CROWN, WHIP APPEAL, 90's, 50's, BMCC, TILDEN, WINGATE, ERASMUS, JOHN JAY, TONIA & RUDE GIRLS, EASTERN PKWY GIRLS, GLAMOUR GIRLS.....

「みんなの館」。サミー、ジュン・4・ショット、スーパー・G。

コージ君の部屋。ビッグ・ジョーとスティッコと寝ているのはサイモン。

GOOD TIMES production
SAT.
OCT. 15
1994
Presents
A WORLD DANCE GATHERING
FOR GENERAL
SPECTRUM
EARTH RULER
L.P. INT'L
MIGHTY CROWN
Japan's #1
ADM. $10 B4 -12
STARLITE BALLROOM
4016 CHURCH AVE. BKLYN
COR. OF ALBANY & E 40TH
Special Guests
• CAPELTON
• LOUIE CULTURE
• TREASURE MOUTH
• SUGAR MINOTT
• REDD FOX
• SHAGGY
• RAYVON
• MAD LION
Big Up:
Look-Yuh-Best
Beauty Salon
•KGN Crew
•Spinnas, etc

「みんなの館」があった建物の前で。サミー再訪問。

CHAPTER 4

YOKOHAMA / PROGRESS

辻堂とブレイン・バスターと「全部パー」

横浜に戻るとサミー達はサウンド・システムを完成させる。マイティー・クラウン初のサウンド・システムは1995年8月に完成した。それはサミーが1992年9月にニューヨークに渡って以来、コツコツと買ってはメンバーで手分けしながら日本に持ち帰っていた機材を基にして作られた。「設計図はバナナ・サイズをまとめていたヒグチさんの仲間の人からもらった。うーん、ちょっと名前が思い出せないんだけど、その人からもらった設計図を使って。スピーカーの枠とかは東急ハンズで木を買ったりして自分達で作った」。

サウンド・システムを作るのにどれぐらいの費用がかかったのと聞くとサミーは「何百万かな」と答えた。その費用はメンバー全員でアルバイトして作られていた。「95年に帰国するまでに冬と夏は帰国してたって言ったけど、その期間は帰国してもそんなにマイティー・クラウンとして活動できていたわけではなくて、ひたすらバイトしてたんだよね。サウンド・システムもあったけど、ニューヨークに戻った時のダブ代も必要だったしさ。全員にノルマじゃないけど、そういうのもあって、それぞれバイトして20万稼いだら10万はそれに貯めるって感じにしてた。その頃はCR（クロス・ロード）にバナナ・サイズの先輩だったマサ・アイリーがいたことで良くしてもらって雇ってもらったりしてた。他にも色々と短期のバイトをやってたけど、そうやってみんなで金を集めてた感じ。サウンドとしての活動はそんなにだったけど、みんなが本気になっていたんだよね」。

そうした金と気持ちで遂に完成した念願のサウンド・システム。「そりゃ嬉しかったよ。当時はサウンド・システムを持ってないとサウンドとして認めてもらえない時代だったしさ、これで俺達もサウンドを名乗れるとも思ったしね」。その初めてのサウンド・システムをこの8月に完成させたのにも理由があった。「ブレイン・バスターとクラッシュする予定が入ってたんだ」。当時のサウンド・クラッシュにはそれぞれのサウンド・システムが稼働されていた。サウンド・クラッシュの現場ではそのプレーだけではなく、そのサウンド・システムの音質でも優劣を競いあった。

小田原を拠点とするブレイン・バスターとのサウンド・クラッシュは横浜との中間地点の辻堂、クラブ・ウエストサイドで開催が予定されていた。その戦いに向けた前夜にマイティー・クラウンはその初のサウンド・システムの試運転を試みた。そして、サミーは、いや、マイティー・クラウンはやらかした。

「本牧の市民公園プールが工事していた時だったんだ。そこには工事で使う電源もあったし、そこならサウンド・システムも組んで音出せるんじゃねぇかってみんなで夜に忍び込むことにしたんだ。そんでサウンド・システムを組んでさ、じゃあ音を出そうかってなったんだけど、アンプはウンともスンとも言わねぇし、全然音は出ないんだけどミキサーから煙が出てきちゃって、なんか燃え始めて、そのままスピーカーのユニットもぶっ壊れちゃって、そのまま全部パーになっちゃったんだよ。もうあんだけみんなで時間も金も注ぎ込んでやっと出来たものが一瞬にして全部パーだよ（笑）。後からV・I・Pのショウゾウ君が見てくれて原因はアンプのヒューズが飛んだことだったことがわかって全部がパーになったわけではなかったんだけど、その時点では使い物にならなくて、『明日のクラッシュどうすんだよ⁉』ってなってさ」。

煙が吹いたサウンド・システムを前に呆然としたサミー達を助けたのは同じ横浜のサウンドだった。「テイスティーのサウンド・システムを貸してもらうことにしたんだ。もう、サウンド・システムだけじゃなくて、そのままテイスティーの連中と全員で辻堂に乗り込むことにしたんだ。あの時に貸してくれたテイスティーには大感謝だよ。あの時のクラッシュで変わったわけだしさ」。そのブレイン・バスターとのサウンド・クラッシュはマイティー・クラウンの一つの転機となった。

チューパとサウンド・クラッシュ

会場も規模も小さなサウンド・クラッシュではあったが、マイティー・クラウンがブレイン・バスターに勝利したことは注目を集めた。相手のブレイン・バスターが当時に日本のレゲエ・シーンで中心的なレーベル活動をしていたアルファ・エンタープライズに勤務、小林恒と共に数多くのジャマイカからの作品だけではなく、ナーキ、アキ&ソルトフィッシュをはじめとする日本人レゲエ・アーティストの作品も手掛けていることで知られた茂呂尚浩が率いていたサウンドであったことも要因になっていた。「茂呂さんがそうした仕事していたのもあったからブレイン・バスターもガーネット・シルクやバウンティ・キラーのヤバいダブを持っていたよ」。ただ、その勝利以上にマイティー・クラウンのその本場仕込みのプレー、ニューヨークやジャマイカで録られたジャマイカ人アーティストのダブだけではなく、アキ&ソルトフィッシュの当時はあまり存在していなかった日本人アーティストのダブ、それらを本場さながらのパトワのMCでプレーしたことは衝撃を与えた。その模様が収録されたカセット・テープは全国に流れ、マイティー・クラウンの名前と存在は日本のコアでアンダーグラウンドなレゲエ・ファンの中で話題となった。この時に初めてマイティー・クラウンの存在がその中で知られるきっかけにもなった。

「横浜と大阪を除けば全国的には俺達は全然無名だった。でも、そのカセットで少し知られたんだよね。名前だけじゃなくて。当時の日本のサウンドって今みたいに日本語でMCしてなくて、まだジャマイカの真似やコピーのパトワでMCするのがメインだったじゃん？　なんか雰囲気でやっているような、それで良かった時代だったんだけど、そこにいきなりダブもだけど、パトワでバリバリＭＣできちゃうのが現れた感じになっちゃったんじゃないかな」。その通りだった。「なんだこいつら？」「何者なんだ？」だった。

「あとさ、ちょうどそのクラッシュの前、4月にジャマイカのポートモアでジャマイカのキラマンジャロとニューヨークのキング・アディーズがやったサウンド・クラッシュがあったじゃん？　そう、今も伝説にもなっている歴史的クラッシュ、最後は興奮した客がスピーカーを倒して終わっちゃったやつ。それを俺も現場で見てて、それにめちゃくちゃ衝撃を受けていたんだよね」。自分もその場にいた。

「もうめちゃくちゃヤバかったじゃん？　あの時の熱さ、雰囲気もだけど、もうあの時のキラマンジャロのリッキー・チューパが鬼かっこ良くてさ」。サミーは「チューパは熱いＭＣとダブで殺しにいくんだけど、キング・アディーズもバウンティ・キラーのリミックスのダブで反撃したりしてさ〜」と一通りそのサウンド・クラッシュを振り返った後に、「もうそのクラッシュに俺は喰らいまくったんだよね。そのダブとＭＣで殺し合うヤバさ？初めてのジャマイカでシルヴァー・ホークのクラッシュを見た時以上に喰らっちゃって、それに刺激を受けたんだ。俺の中ではクラッシュはその時のチューパとアディーズみたいに熱いヴァイヴスで殺し合うイメージになってて、俺の中でのクラッシュに対するモチベーションも高くなっていたんだよね。俺もああいう感じでやりてぇって。ブレイン・バスターとのクラッシュの時には俺はそんな感じだったから、ダブやMCもだけど、そうしたヴァイヴスだよね。ブレイン・バスターも客もそうした俺等のヴァイブスを感じたんじゃないかな」。

もうこの時期にリッキー・チューパは神格化され始めていた。名門サウンド、キラマンジャロの看板スターとして世界に知られ始めていた。そのゲトー拠点のハードコア、硬派なプレーで知られたキラマンジャロはジャマイカの警察からもマークされる存在にもなっていた。バッド・ボーイ全盛期の90年代初期のダンスホールをどこよりもハードに激しくプレーすることで煽られた不良達が会場で暴発することを警察は怖れた。その警察から規制されることも避けてキラマンジャロは首都であるキングストンではプレーしなかった。「カントリー」と呼ばれる地方でプレーした。それがその存在をより伝説とした。リッキー・チューパはそのキラマンジャロのダンスに集ったバッドボーイ達を誰よりも熱くさせた。その激しく攻撃的なMCとバッド・ボーイ賛歌の組み合わせに不良達は熱狂した。その尋常ではないエナジーと魂を込めてプレーする様子は正気ではなかった。その狂気こそがリッキー・チューパの最大の魅力だった。リッキー・チューパはそれを武器にサウンド・クラッシュでも圧倒した。ラバダブ時代が終わった新たなサウンド・クラッシュのシーンの立役者ともなった。

サミーがリッキー・チューパのキラマンジャロとキング・アディーズのサウンド・クラッシュを体験した1995年にはジャマイカ・シーンはバッド・ボーイ時代が終焉していた。シャバ・ランクスやニンジャマンを頂点にした暴力とセックスに荒れ狂った時代から、ラスタ達によるルーツ&カルチャーの時代へと移り変わっていた。バッド・ボーイ時代にアイドル的人気を獲得して、ゲイ・バッシング他様々な楽曲で世界的に糾弾されたブジュ・バントンもラスタを宣言し、ドレッド・ロックスを伸ばしていた。それを証明した当時のダンスホールと受け継がれるルーツ・レゲエのスピリットの融合に成功した歴史的名作『ティル・シャイロ』がメジャー・リリースされたのも1995年だった。セックスと下ネタでスターとなったケイプルトンがラスタの預言者を名乗って『プロフェシー』でメジャー進出を果たしたのも同年だった。

その新たな時代、ラスタ・アーティスト達を中心としたルーツ&カルチャー時代へと誘った最大の立役者、スターはガーネット・シルクだった。その争いよりも団結を希求した姿勢で暴力に荒れたシーンのゲーム・チェンジャーとなった。ブジュ・バントン、ケイプルトン等の改宗にはその時代の変化も存在した。しかし、それでもリッキー・チューパは変わることはなかった。そのガーネット・シルクが最も共鳴したサウンド・マンもリッキー・

チューパだった。リッキー・チューパはラスタではなかった。それでもそのガーネット・シルクのラスタの教義に基づいたコンシャスなメッセージに込められたその強い意志から男気を引き出し、よりハードに変換してみせた。ケイプルトンやシズラのような先鋭的ラスタ、ボボ・シャンティ派のラスタ達の攻撃的なメッセージはその狂気ともマッチした。リッキー・チューパはジャマイカのゲットーを中心としたハードコアな人達のハートを捉えていた。シーンや時代が変化してもその島の厳しい環境で生きる男達の変わらないタフでハードなメンタリティを理解していた。ラスタのムーヴメントをブームと見切っている者達がいることも理解していた。そのサウンドの現場が男達の日々のフラストレーションを吐き出す場であることも理解していた。

リッキー・チューパを通じてサウンド・クラッシュを知った世代も多かった。そのスタイルに憧れたサウンド・マン達も多かった。誰もがリッキー・チューパのように熱く激しくプレーしようとした。それがトレンドとなった。サウンド・クラッシュでなくても激しくプレーするようになった。自分が初めてマイティー・クラウンを見た時もそのフォロワーと判断していた。その影響を受けないはずがなかった。当時にリッキー・チューパは「神」だった。

サミーと話しているとこの時期にマイティー・クラウンがよりサウンド・クラッシュを

意識していたことがわかる。別の機会にマスタ・サイモンと話した時も「サウンド・クラッシュのことしか考えてなかった、完全に『クラッシュ馬鹿』だった」と語っていた。実際にジャマイカやニューヨークで体感したことで受けた影響、スクインジーやリッキー・チューパの存在と影響によって意識的にも無意識にもその方向へと向かっていた。そのMCとダブで激しく殺し合うキル（ＫＩＬＬ）の時代となっていたサウンド・クラッシュの熱さに夢中になっていた。そして、この時のブレイン・バスターとのサウンド・クラッシュのようにそれがその存在と名前を売ることにつながることもわかっていた。

サミーにはその時のブレイン・バスターとのサウンド・クラッシュがニューヨークに渡って以降の初のサウンド・クラッシュだったのかと確認したら、「違う、その前にもやったことあったよ。日本でやってその時は負けてんだ」と答えた。「92年の12月、だから、ニューヨークに渡って三ヶ月後の最初の冬休みの時に帰国した時。大阪のキャット・フィッシュっていうクラブでクリリンのアース・クエイクとやってる。まだキルの時代ではなくて、ラバダブとソウル・セット（セレクターとＭＣのみ）でやるのが半々ぐらいの時だったけど、その時はラバダブだった。兄貴がＭＣ、俺がセレクターで、クリスとジュンがアーティストとして行ってる。その当時だったからダブも最初に録ったニコデマスと少しくらいしか持ってなかった。まぁ、完全に経験不足だったよね」。

ブレイン・バスターとのサウンド・クラッシュの話の中でテイスティーの名前が出たので、チョーゼン・リーのことも確認した。「そう、リーはもともとテイスティーにいたDeeJay。リーがマイティー・クラウンに入るのはもう少し後だね」。

そして、ブレイン・バスターとの話の中では再び茂呂の話もした。「そのクラッシュの時が茂呂さんとの出会いと言えばそうなんだけど、茂呂さん、小林さん、あと、ヒコマエダ（前田和彦）、あの人達がいたアルファ・エンタープライズにはすげぇ良くしてもらうことになるんだよね。マイティー・クラウンの最初のオフィシャルのミックスCDをリリースしてくれたのもそうだったけど。あの人達が当時の日本のレゲエ・シーンで果たしてくれた役割は大きかった。アキソル（のCDリリース）も全部茂呂さんが担当していたしね」。サミーが名前を出したヒコマエダこそが自分に最初に「サミーには気をつけろ」「完全にイカれてる」と言った自分の仲間だった。自分が最初にマイティー・クラウンと仕事をする時も「兄貴と話した方がいい、弟は呼ばない方がいい」とマスタ・サイモンだけを連れて来たのも前田だった。

「ヨコハマ・レゲエ・バッシュ」

サミーはマスタ・サイモンと共にマイティー・クラウンの活動を加速させていく。東京の芝浦ゴールド、新宿のキングストン・クラブ他、横浜以外にも活動の場を広げていく。サウンドとしての経験も重ねていく。そして、ニューヨークから帰国する時の目的でもあった「地元を盛り上げる」ことも怠ってはいなかった。マイティー・クラウンとして横浜で活動をするだけではなく、マイティー・クラウンが中心となったイヴェントを始めることにする。

「それも八月だったんだよ。そうそうこの年の8月は結構重要でさ」とサミーは1995年にマイティー・クラウンが開催した『ヨコハマ・レゲエ・バッシュ』の話をした。それは後に『横浜レゲエ祭』に改名されて、マイティー・クラウンだけではなく日本のレゲエ・シーンにとっての最大・最重要となるフェスの第一回目の開催だった。

「会場は関内のクラブ24。マイティー・クラウンにアーティストとしてクリスとジュン、あとパパ・ユージ、アキソルとかニューヨークでリンクした先輩達に出てもらった」。その時も依然として「チケットは知り合いに買ってもらったりしてた。まだパー券を売る感じだった」。集まった客は約150人。「半分ぐらいは知り合いだったかな」。その何年も後、00年代には「横浜レゲエ祭」は横浜スタジアムで30000人を集客するようになる。「確かにそれを思うと全然少なく感じるかもしれないけど、俺からすると予想していたよりも人が集まって結構入ったイメージだったよ。それで何か可能性みたいなものも感じられたんだよね、サウンドによるエンターテイメントを広げていけるような感触を持てたんだよ」。

当時には「レゲエ・ジャパンスプラッシュ」「レゲエ・サンスプラッシュ」も同じ夏の時期に開催していた。拡大を続けてどちらも数万単位の観客を集めて盛大に開催されていた。「そうなんだよね、でも、どちらもジャマイカのアーティストばかりで日本人が出れる感じではなかったし、どうやったら出れるのかもわからなかった。ナーキさんだけだったでしょ、ジャパスプも。あと、どちらもバンド・ショーでサウンドが出れる感じでもなかったよね。サウンドはそこまで知られてなかったしさ。メディアに取り上げられるのもジャマイカのアーティストばっかりだったよね」。サミーはこの当時にも「レゲエ・ジャパンスプラッシュ」に行っていた。その時はホテルではなくて、実際に会場に行っていた。しかし、チケットは買ってなかった。決して招待されるような立場ではなかった。それでも会場の楽屋に入っていた。

「うーんとね、そん時は黒人のセキュリティーにパトワで話してアーティストのフリして勝手に楽屋に入った。いや、もうそんなのはね、ダメモトで行くんだよ。行けば実際にそうやって入れることもあるんだから（笑）」と、そんな「ダメモト」も本場では当たり前のことと説明した。ただ、楽屋に入れても怪しまれた。サミーは「ナーキさんを見つけて勝手に話し掛けて知り合いのふりをした（笑）」。その時にはナーキとは面識がなかった。それでもサミーはナーキに一方的に話し掛けた。「普通ビックリするよね、でも、そのまま俺の話に付き合ってくれたナーキさんには感謝してるよ（笑）」。サミーがその時に楽屋を狙ったのはショーを見ることだけではなく、その楽屋に集ったジャマイカのアーティストとのリンクを作る目的にしていた。

「あと、それはまた別の年になるんだけど、ブジュ・バントンが来日していた時に『横浜にブジュがいる』って連絡が回って来たんだ。そんで行ってみたら本当にブジュがいたんだよ。そんでそのままつるんで、ブジュの公演がある横浜の会場まで俺達が連れて行ったんだよ。その時に初めてブジュとリンクしたんだけど、その次にリンクしたのがロンドンのブリクストン、ブジュがショーをする会場の楽屋口だったんだよ。ブジュが来たらたくさんの人がブジュを取り囲んだんだけど、俺が『ブジュ‼　ブジュ‼』って騒いでいたらブジュが気づいて俺を覚えていてくれて、そのままブジュのツレみたいなフリして会場に入れてもらった。まぁ、それもだけど、言いたいのはダメモトでいいからチャレンジしとけってことだよ。失敗してもいいんだよ、ダメでモトモトなんだから」。

フラッシュ・バック・ジャパン

「レゲエ・ジャパンスプラッシュ」「レゲエ・サンスプラッシュ」が毎夏大々的に開催されていた90年代の国内での「レゲエ・ブーム」は凄まじかった。数多くのジャマイカのトップ・アーティストが来日もしていた。

90年のマキシ・プリースト「Close To You」の大ヒット、90年代・ダンスホール黄金期の到来、それを代表したシャバ・ランクスの1991年のメジャー・デビュー、ボブ・マーリー没後10周年等、様々な状況ときっかけで90年代初頭からは国内レコード会社の洋楽レゲエ作品のリリースも増え続けていた。90年代初頭はCDへと音楽ソフトの中心が移った時期で、その手軽さと流行によってバブルが終焉した日本の中で音楽業界は特需の中にあった。それを販売する洋楽向けの国内店舗、タワーレコード、HMV等の大型輸入盤チェーン店が全国に増殖していた。当時の円高の為替相場もそれを後押しした。そうした店舗で買うことも流行となった時代だった。洋楽を中心とした新しいラジオ局、J-WAVE、FM802等の新たなラジオ局も全国に続々と増加していた。その中からシャインヘッド「Jamaican In New York」、インナー・サークル「Sweat」、アスワド「Shine」、ダイアナ・キング「Shy Guy」他がレゲエの枠を超えた洋楽として大ヒットしていた。そうした「洋楽スター」となっていたアーティスト達が「レゲエ・ジャパンスプラッシュ」「レゲエ・サンスプラッシュ」にも出演していたのも両フェスの拡大につながった。ジャマイカ・シーンのトップ・アーティスト達と共に全国各地で開催されるようになった。両フェスともアーティストだけではなくバック・バンド、エンジニアも全て本場から招き、その本場の音をそのままに伝えていた。そうしたプロモーターの努力によって整えられた環境とホスピタリティの高さにアーティスト側からも出演が希望された。世界的にレゲエが最も希求される夏にトップ・アーティスト達は日本に集結した。その開催を支えるメディアも存在した。雑誌『Ｆｉｎｅ』は毎年「レゲエ・サンスプラッシュ」を後援していた。ＮＨＫのＢＳでは「レゲエ・ジャパンスプラッシュ」を9時間生中継した年もあった。その注目度が高まる中で日本航空をはじめとする大手企業がスポンサーにも付いた。そうした様々な状況が洋楽を、その中でも特にレゲエを国内で「ブーム」とさせていた。その中で国内ではレゲエはジャマイカ人による音楽としてより広くに認知されていた。

しかし、日本人のアーティストはその「ブーム」には含まれてはいなかった。１９９５年のブギー・マンの「パチンコ・マン」はスマッシュ・ヒットしたが、それも正しくは評価されなかった。それがジャマイカで生まれたリディムで制作されていることも語られなかった。関西弁で歌われるコミカルな曲、そのDeeJayも「ラップ」と理解された。日本のサウンドの存在はそれ以上に知られていなかった。

日本のサウンド

「『ヨコハマ・レゲエ・バッシュ』を始める時には、それもあったね。それなら俺達と日本人のアーティストで自分達でやるしかないって。『ヨコハマ・レゲエ・バッシュ』も最初はそうした地元のイヴェントだった。それが毎年続いていく感じになるんだよね。途中からは横浜以外のアーティスト、俺達以外のサウンドも呼ぶようになって、そんで横浜以外でも知られていくんだ。それで98年に『ヨコハマ・レゲエ・バッシュ』を『横浜レゲエ祭』に名前を変えて、マサ・アイリーのアイリー・プロモーションと共同で開催して、会場もクラブ・ヘヴンに移した。そこからベイ・ホール、野外に移して八景島、新港埠頭、横浜スタジアムとどんどんデカくなっていった感じだよね」。『横浜レゲエ祭』に名前を変えたのも実はサミーだった。「それは『祭』の方が『バッシュ』よりもわかり易いと思ったのとキャッチーな響きだったから。結局、やっててもそれが伝わらなかったり知られないなら意味がないと思ったから」。このサミーによる『レゲエ祭』という名が後々に全国各地で開催されるレゲエ・フェスにも使われていくことになった。

その頃にサミーはどう思っていたのか。本場を経験して、本場も視界に入れていた当時のサミーは他の日本のサウンドをどう見ていたのか。

「そんなに気にしてなかったかな。他のサウンドのことよりも自分達のことで精一杯だったよね。今から思えば自分達もまだまだだったしさ。話した通りにマイティー・クラウンは日本と本場の両方でやろうとしてたし、本場でやれるレベルになるためにも日本でやる、まずは地元を盛り上げないとって意識だったから、そのことに必死だったよね」。

「でも、その中でシンパシーを感じていたサウンドもいたよ。例えば東京のチェルシー・ムーヴメント。俺達とスタイルは違うけど彼らはジャマイカでストーン・ラヴと周ったりしていたし、セレクターのスパイシーはスキルも高かったし。あと、タッカーのジャッジメントも。タッカーは大阪でロッカーズ・アイランドってレゲエ専門レコード店をやってたけど、ジャマイカでジャッジメントを始めていたからね。そういった本場を知っているサウンドには少し親近感と言うか、同志だったりライヴァルのようにも思っていたかもしれないな。あと、名古屋のガイディング・スターや沖縄のキング・リューキューかな。そうしたサウンドと一緒にプレーする時は毎回クラッシュじゃないけど、絶対に一番俺等が盛り上げてやるって意識があったね。同じサウンドやってる日本の同志達、90年代から共に日本のレゲエ・シーンを盛り上げた数少ない仲間達なんだよね」。

では、本場とは違う日本の客を相手にプレーすることはどう思っていたのか。

「俺らもモノマネから始めているし、今と比べたら俺らもまだまだだったよ、パトワも今ほどではなかったし。でも、客は俺らのヴァイヴスや気合いの違いは感じたんじゃないかな? そういう意味では『俺達が変える、それまでとは違うより本物に近いシーンに変えていく』みたいな気持ちは俺にもあったとも思うし、若かったのもあるけど『他のサウンド全員ブッた斬ってやる』ぐらいの気持ちもあったかな。それぐらいの気持ちでやらないといけない、それぐらいの気持ちがないと本場や世界ではやっていけないって思っていたんだよね」。

「『横浜レゲエ祭』に他のサウンドを呼んでいたのもそうだけど、俺らは他のサウンドと一緒に日本のレゲエ・シーンを盛り上げよう、俺達の時代を作ってやろうと思ってたんだ。それは俺がニューヨークで一人でやるのには限界を感じたように状況を変えるにはもっと大勢の力、同じ志を持った人達が必要だとも思っていたから。日本にもダブ録ったり、ヤバい奴等はいるって思ってたし。その頃はサウンドというよりもサウンドを通じてもっとアーティストや曲、レゲエを広めるにはそうしたみんなの力が必要に思ってた、そうしたムーヴメントをみんなで作っていかないといけないって。ブームはあったけど、それでもサウンドの現場でかかるようなアーティストや曲が知られてはいなかったし、雑誌でも他のジャンルはカラーなのにレゲエはモノクロ・ページだったり、CD店でもレゲエではなくてワールド・ミュージックのコーナーに置かれているのも見てたから、そういうのを変えていかないといけないと思ってた」と決して他の日本のサウンドを見下したり、認めていなかったことはないどころか、彼らを必要としていたことを強調した。

サミーは続けた。「モノマネからでいいんだよ、俺達もモノマネから始めているからさ。あと、それぞれのサウンドによってやる目的も違うからさ。ただ、俺らは聴いてきたカセット、本場で見たサウンド、それのモノマネから始めて、そこから本場でやれるサウンドを目指していたってこと。その頃はパトワが話せるとかだけじゃなくて、選曲やプレー、ダブを本場でやれるようにどうアレンジしていくかを模索していた感じだったよね。俺らの場合は全員が本場を経験していることは強みだったけど、それだけじゃなくて、その全員がそれぞれに好きなスタイルや知識を別々に持っていることも強みだった。俺らはみんなそれぞれに好きなものが違うからね。同じセレクターでも俺とコージ君は好きなものが違ったりするしね。前にも話したかもしれないけど、それをチームとして全員でブレンドすることで俺らのスタイルが出来ていったと思うんだよね。それが俺達のオリジナリティ、俺らの基礎になっていると思うよ。そこから成長していった感じかな」。

「あとさ、なんか俺らがパトワだけでＭＣしていたように伝わるかもしれないけど、俺らは日本でやる時には日本語でもMCしていたからね。それもニューヨークで学んだことでもあるけど、向こうでやる時にパトワが話せないといけないのは客に伝えるためで、それが一番大切なことなんだけど、それなら日本でやる時には一番伝わる日本語でやるべきだと思ったんだよね。それまで日本の中ではMCを日本語でやることはダサいこととされていたりもしたんだ。でも、伝わらないのなら意味ないわけで、それならどうダサくないように日本語でMCすればいいかを考えるようにしたんだ。『横浜レゲエ祭』に改名した話にも似てるかもしれないけど、人に伝わらないと意味ないんだよね」。

サウンドにとって「成長」はどうした時に確認できるのか。サミーは「実際に客がどんどん増えた時かな。客が入ることで自信を持てるようにもなるじゃん、それかな」と即答した。

改めてセレクターにとってはどうかと聞き直すと、サミーは「その客を盛り上げられるようになることとかな」と再び即答した。「自分の選曲で自分がイメージした通りに客を盛り上げられるようになっていくことだね。あと、セレクターはアーティストのカット（バックDJ）をするんだけど、ただアーティストの後ろでオケ（リディム、バック・トラック）を流すんじゃなくて、自分で客が盛り上がると思ったオケを流して、それにアーティストが歌ってその通りに盛り上げられたりするようになったりとかね。あと、プラップ（Pull

Up）とかね。プラップは、カマゲン（Come Again）とも言うけど、プレーしている曲を一度止めてもう一度最初からプレーし直すレゲエ独特の盛り上げ方なんだけど、そういうのも取り入れながら、レコードやダブだけじゃなくアーティストも自分が思った通りに盛り上げられるようになっていく感じ、それを見たくて客がどんどん増えていく感じ、そういうことかな、成長って。今でも俺のスキルは大したことないよ、俺より曲をつないだりミックスするのが上手い奴はいるよ、でも、そこだけではないんだよ、セレクターは。そうやって自分がどうやって客を盛り上げるかをイメージできて、その通りにしていくことなんだよ」。

1995年末にサミーは20歳になった。「まだサウンドで飯を喰っていける感じでは全くなかった。ただ、だからと言って就職するとかも一度も考えたことなかった。名前や国籍のことには関係なくて、それよりもその頃はとにかくサウンドのことばかりで、サウンドが好きでそれに夢中だった。サウンドでは喰えてはいなかったけど、でも、だったら『どうやったらサウンドで喰っていけるのか？』を模索していた時期だったね。もう、やりたいことサウンドだけだったからさ」。

1995年のブレイン・バスターとのサウンド・クラッシュと「ヨコハマ・レゲエ・バッ

シュ」がマイティー・クラウンが日本のレゲエ・シーンで知られるきっかけとなった。本場の方では1997年のサウンド・クラッシュがきっかけになった。

ボストンとレガシーとボコボコ

「ジェネラルから連絡があったんだよ」。ジェネラルは引き続きマイティー・クラウンのマネージャーだった。「まっ、マネージャーと言うより、俺達の窓口みたいな感じ。海外の人達が俺達に連絡する時の担当みたいな感じかな」。

1995年に日本に戻ってからもサミーは毎年ジャマイカに行き、その時には必ずニューヨークにも滞在していた。「一ヶ月、三ヶ月とかその時々で期間は違っていたけど、必ずニューヨークには滞在してた。兄貴が一緒だったり別々の時もあったけど、ニューヨークでスティッコとコージ君と合流していた。ジャマイカでもニューヨークでもダブを録って、どんどんダブを増やしている時期だった。横浜だけじゃなくてニューヨークでもプレーできるようにしてた。で、97年にジェネラルのところにボストンのプロモーターから話が来たんだ。ボストンが地元のレガシーっていうトリニ（トリニダード）系サウンドとのダンスに呼ばれたんだ。いや、普通のサウンド・セッションの予定でクラッシュでは無かったんだよ、でも、行ったらクラッシュになっちゃったんだ」。

サミーはスティッコとコージ君とジェネラルが運転する車でボストンへと向かった。その時にはマスタ・サイモンは不在だった。しかし、道に迷ったことで予定よりも二時間ぐらい遅れて会場に着くことになった。既にイヴェントは始まっていた。ステージに立っていたレガシーのMCは客席の中をステージに向かうサミー達に向かって「遅っせーよ、このチャイニー・ボーイが‼」と罵った。サミー達がステージに上がると、今度はイエローマンの「Mr.Chin」のリリック（Mr.Chin, Boy you fi sell the right thing）に合わせて「お前ら（パトワ）わかんのか⁇」とか挑発もした。普通のセッション・ダンスのつもりだったサミー達はレコードとダブが12枚入るケースを二箱しか持ってなかった。しかし、「もうスティッコと『ここは行くしかねぇな』ってなって、マイクを渡された瞬間に思い切り言い返したんだよ。今ほどのパトワではなかったよ、でも、それにレガシーもだけど客もビックリしちゃって、めちゃくちゃ盛り上がったんだよね」。

サミー達はそのままレガシーに向けて容赦無くパトワを浴びせ、その限られたダブでレガシーを「ボコボコにしてやったよ」。サミー達はレガシーの地元の客の手を上げさせた。そこに存在する全てのバイアスも粉砕してみせた。それはボストンでのローカルのイヴェントでの出来事だったが本場ニューヨークにも伝わった。

「そんなにすぐではないよ、ボストンだったし、レガシーもそんなに知られたサウンドではなかったから。でも、ニューヨークのシーンの中ではサウンド・クラッシュは一番の関心事でもあるから関係者にはそのニュースが広まっていくんだよ」。それはボビー・コンダースにも伝わった。そのニューヨークを代表するサウンド、マッシヴ・Bのオーナー&セレクター、同名のレーベルも運営して、現地のHOT97の中でダンスホール番組を持つ重要人物もサミーに「お前、ボストンでやったらしいじゃないか」と声を掛けた。サミーはそれ以前にボビー・コンダースの番組に出演したことがあった。ジェネラルの口利きで出演させてもらっていた。ただ、その時はサミーは緊張し過ぎてまともに会話ができないままに出番を終えていた。その時にボビー・コンダースはジェネラルに向かって「コイツ全然ダメじゃねぇか、まだ早いよ（He's not ready）」とサミーを指して文句を言った。

レガシーに勝利したことはサミーの自信になった。「相手の地元に乗り込んでダブもそんなに持たないままにレコードとMCで相手を倒したしね、初めて海外でのクラッシュに勝ったわけだしさ」。そしてそのニュースはボビー・コンダース等の関係者達だけではなく、次第に噂となってストリートにも届き始めた。「どうもマイティー・クラウンっていう日本のサウンドがいるらしいぞ、サウンド・クラッシュでも勝ったらしいぞ、って少しずつ知られていくんだよね」。

そして、マイティー・クラウンは次の段階へと進むことになる。「そのレガシーとのサウンド・クラッシュは97年の3月だったんだけど、その夏に俺と兄貴がニューヨークに行っていた時に全員で話して、みんなで帰国することにしたんだよね。そう、スティッコもコージ君も含めて全員で日本に戻ることにしたんだ。やっぱり全員で揃ってやった方がいい、ってなって。レガシーとの経験で日本で経験を積むことで本場でもやれると思ったし。だから、その時に日本から見たらコージ君を初めてマイティー・クラウンのメンバーとして知るから、コージ君が97年に加入したとか言われるんだけど、前にも話した通りにそれ以前から一緒に動いてた。その時にはコージ君だけで録ったダブもあるしさ」。

「火と拳」と希望

「CROWN TOUR '97／火と拳スペシャル」。黄色いインデックス・カードにそう書かれたカセット・テープは今でも手元にあった。それが自分が初めて手にしたマイティー・クラウンのカセット・テープだったかもしれない。インデックス・カードには日本の地図と各地での公演日も赤い文字で書かれていた。

「97年の7月。その時の『火と拳ツアー』が初めての俺達の日本ツアー。横浜と大阪は自分達でやることにしたんだけど、その時に高松のウイング・フロアーっていうサウンドのマネージャーをしていたモリモト（森本英代）が四国と九州をブッキングしてくれたんだ。当時は自分達ではまだ西の方とのリンクがなかったからね。モリモトがどうやって俺達のことを知ったのかはわからないけど、彼女から四国と九州をやらせて欲しいって連絡された」。初めての四国、九州各地には高松を拠点にして全員で向かった。「モリモトの知り合いの家にみんなバラバラに泊まらせてもらって、ハイエースに乗って行ってた。移動の往復で八時間の時もあって結構ハードだったよ」。ハイエースにはマイティー・クラウンだけではなくアーティスト達も乗って満席だった。

「俺、兄貴、スティッコ、コージ君、それにクリス、ジュン、リーも一緒だった。いつにリーが正式にマイティー・クラウンに入ったのかは思い出せない、と言うか、全く覚えていないんだよね」。以前にチョーゼン・リー本人から「ニューヨークに行く時にサミーからマイティー・クラウンとプリントされたTシャツを投げて渡された時に自分がマイティー・クラウンの一員になったと思った」と聞いた話をサミーに伝えたら、それも「いや～、全く覚えていないな～」と笑った。

「このツアーの時に『ファイヤー・ボール』がスタートしてるんだよね。その前にはクリスとジュンとリーはそれぞれソロのアーティストとしてマイティー・クラウンに所属していたけど、その三人がグループとしてやる時にはその名前でやることになったんだ。『ファイヤー・ボール』って名前は兄貴とスティッコが考えた」。当時はジャマイカでもソロのアーティストが所属したグループ、クルーとして楽曲をリリースしたり活動するのが流行っていたことに触発されたとも想像するが、ファイヤー・ボールはこの1997年の「火と拳ツアー」で結成されている。1999年にはDeeJay、ヨー・ヨー・Cが加入、さらに2000年にはスティッコもDeeJayとして加入する。スティッコはDeeJay名としてトゥルースフルを名乗った。ヨー・ヨー・Cは2002年のメジャー・デビューを前に脱退している。2018年末に活動を休止するまでファイヤー・ボールはマイティー・クラウンと共に日本のレゲエ・シーンの最前線を走り続けることになる。

「このツアーによって全国区じゃないけど、日本のレゲエ・シーンの中で俺達のことが知られたと思う。それまでの横浜と大阪ぐらいじゃなくてもっと広くに知られるようになった。その時のカセットがすげぇ人気になったんだよね、そう黄色と赤のやつ」。

当時にマイティー・クラウンは自分達でカセット・テープを制作して販売していた。「『火と拳』のカセットの前にも何本か出して（リリースして）いたんだ」。当時にまとめてカセットをダビングできる機械を購入して、市販のカセットにダビングをして手作業で制作して自分達で手売りしたり、イヴェント会場で販売したり、知り合いのレコード店で販売してもらっていた。「レコード店には最初は『何本でも良いから取り扱ってくれませんか』とお願いしていたんだけど、その『火と拳』のカセットはレコード店から『何本追加で』って連絡されるようになったり、他の店からも取り扱い希望の連絡が入るようになって売れているだけじゃなくて、俺達が知られていくのもわかったんだよね」。

その頃から「自分達でオケ（リディム、バック・トラック）も作り始めてたりもしてた。レコードの裏面のヴァージョンを勝手に使ったりもしてたけど、それで日本人のアーティストの曲も作ったりしてカセットで売ったりするようになってた。そういうプロデュースって言うのはそのぐらいから始めてた。勿論、プロデュースのことはまだ全然わかってなかったけどね。著作権や出版権もわかってなかったから、勝手に他の人が作ったオケを使っちゃったりもしてさ。とにかくあるものでやるって感覚だったね」。サミーとサイモンはそれぞれにサウンドとしての活動に並行して現在にプロデューサーとしても活動しており、特にサミーはトラック・メイカーや自身もアーティストとしても活動しているが、そうした現在のマイティー・クラウンの活動の原型はこの時期に始められていた。

「まだバイトは全然普通にしていたけど、自分達のイヴェントや『横浜レゲエ祭』にもどんどん客が増えていたし、カセットも売れていたし、もしかしたらこれで喰っていけるんじゃないかな、って少し思えるようになっていた。その前の『どうやったらサウンドで喰っていけるんだ』の時期からは少し希望が見えてきていた時期だったと言えるかな」。

「少し違うかもしれないけど……」とサミーは前置きして話を続けた。「チェンジマンとタカが亡くなった話はしたと思うけど、あと、バカマンもだけど、もう一人、ガンっていう友達も亡くなっていて、俺は若い時に友達を何人か失っているんだ。それってそんなに普通のことじゃないよね？　どうなんだろ？　みんなそうやって若い時に友達亡くしていたりする？」。その質問に答えるのを遮ってサミーは話を続けた。「ガンはレゲエ関係ではなく、スケート時代からの友達。センジョの俺の同級生だったんだけど、すごく仲良かったんだ。いつも周りを楽しませる奴で、みんながいる空気を良くする奴で、俺も奴から影響を受けたと思うんだよね。ガンはセンジョを卒業してシアトルに留学したんだけど、いつも帰国する休みの時に帰って来なくて、どうしたんだろうって思っていたら、『自殺したらしい』って聞かされたんだ。それも『ドラッグか何かで』みたいに。それは俺が知っている奴を思うと少し信じられなくて、それが本当かどうかもわからなくてずっとミステリーなんだけど、とにかく亡くなっちゃったんだ。でさ、みんな死にたかったわけでも死ぬと思っていたわけでもなかったと思うんだよね。ただ、そうなってしまったと言うかさ。いや、別に重い話をしたいわけではなくて、なんだろな、なんかさ、さっき言った『希望』なんだけど、生きていると見れる景色があったりするって思うんだよね。自分が見てみたい景色とかさ。亡くなった奴等に見せてあげたかった景色や、他の人達にも見せてあげたい景色とかさ。上手く言えないけど、なんか俺が言いたいことのニュアンスはわかるでしょ？　『希望』という言葉のニュアンスが」。

フラッシュ・バック・ジャパン

「マイティー・クラウン」の名前と噂、悪評を耳にするようになったのもこの頃だった。そのマイティー・クラウンがあのジャマイカの名門〈ジャミーズ〉の歴史的音源を使用した公式ミックスCDが発売されるのを聞いて「不相応」「早い」「役不足」と仲間内で文句を言ったのはそのすぐ後だ。それはアルファ・エンタープライズからのリリースだった。マイティー・クラウンを抜擢したのは茂呂と小林だった。自身のサウンド、ブレイン・バスターがマイティー・クラウンに粉砕された時にマイティー・クラウンのスター性にも茂呂は気付いていた。その当時にマイティー・クラウンを起用した理由を茂呂が「新しい世代を参加させないと新しいファンに届かない」と自分に説明したこと、レゲエ・ブームが去った後の荒廃した日本のレゲエ・シーンを新しい世代によって再構築する必要性を説いたことを記憶している。その横で小林はただ「あいつらサッカー上手くてさ」と笑っていた。

その小林が茂呂とマイティー・クラウンのよき理解者だった。その公式ミックスCDによってマイティー・クラウンの存在は初めて全国の一般のレコード店にも届くことになった。

マイティー・クラウンが横浜での活動を本格化させ、「横浜レゲエ祭」も始めた1995年は国内での1990年から始まったレゲエ・ブームの最後の年だった。その翌年からは一気に下降線を辿ることになる。そのブームのアイコンでもあった野外フェス、ガゼッタ社による「レゲエ・サンスプラッシュ」は1997年、タキオン社による「レゲエ・ジャパンスプラッシュ」も1998年に終了した。両フェスの終了は互いのフェス同士で首を絞め合ったことも理由だった。その同じ夏に開催するフェスにジャマイカのトップ・アーティスト達を引き抜き合う競争の中で両フェスが支払うギャランティーは高騰し続けていた。それに反比例するように国内でのレゲエのヒットは減少し、それに比例して公演の動員は減少していた。

国内だけではなく海外でのレゲエも勢いが止まったことも影響していた。ジャマイカでは〈ペントハウス〉から独立したデイヴ・ケリーが〈マッド・ハウス〉他による革新的なリディムでダンスホールを進化させ続け、ビーニ・マン、バウンティー・キラーの激しいコンペティションを軸にシーンは発展し続けていた。しかし、そのダンスホールやレゲエにとって最大市場であったアメリカやイギリスをはじめとする世界では特にダンスホールに対して厳しく目を向けるようになった。それが広がり続けることでその内容を問題視し始めた。特にその暴力や性差別、ゲイ・バッシングが含まれた歌詞に対して規制だけではなく改善が求められるようになった。放送禁止楽曲が続出した。多くのトップ・スター達が公演を中止に追い込まれた。そうした歌詞を歌わないことを誓約させる書類にサインすることがツアーの条件にもなってきた。それは「言いたいことを言う」「誰にも縛られない」とそのマッチョな姿勢で支持を獲得してきたアーティストにとっては受け入れられないものだった。ジャマイカのダンスホール・シーンも「それは自分達のカルチャー」と変容させられることを拒んだ。「いつまでも奴隷ではいない」と反発した。当時はそうだった。現在とは違った。それによって締め出されていった。そうしたアーティスト達を青田買いするようにリリースしていたメジャー・レーベルも続々とジャマイカから撤退していった。批判はそうしたレーベルにも向けられていた。

そうした国際舞台でのアーティストの活動の減少とメジャー作品のリリースの減少は国内にも波及していくことになった。１９９１年のシャバ・ランクスのメジャー進出作・グラミー賞獲得作の邦題が『生でやりたい』と付けられたような時代と状況はとっくに終わっていた。90年代初頭からの凄まじいブームとのギャップもまた凄まじかった。当時に国内のレゲエを取り巻く状況は「冬の時代」だった。その90年代末にマイティー・クラウンの存在は日本のレゲエ・シーンを次の段階へと誘う新たなるスター、「希望」となっていた。

イエローとタクシー・ハイ・ファイ

「427だから、死にな」。その開催日からそう覚えてるとサミーは笑った。マイティー・クラウンが日本のレゲエ・シーンの中での新たなるスターであることを決定的なものとしたサウンド・クラッシュが開催されたのは1998年4月27日だった。相手はタクシー・ハイ・ファイだった。場所は当時の東京のクラブ・シーンを代表する西麻布のイエローだった。

「いや、特には。タクシーとやることには特別な気持ちとかそういうのは全くなかったかな。ランキンさんもオーナーみたいな立ち位置だったしさ。覚えているのはそのクラッシュの前に渋谷のシスコ（レコード店／当時にレゲエ専門店も存在）でタクシーのセレクターと会ってさ、そん時に奴に向かって『やっつけてやるよ』みたいなことをパトワで言ったら、『そういうのやめようよ～』って言われて、そんなんじゃ相手にならないと思ったんだよね。もうサウンド・クラッシュなんだからさ。あと、もう当時のクラッシュ、その本場の雰囲気を俺は知っていたしさ、クラッシュだったらそれぐらいの気持ちでやらなきゃいけないって思ったからね。もうそんな姿勢や態度だったら、その時点でダメじゃねぇかって思ってたんだよ。当時の俺だからね」。実際に当日もそのサミーをはじめとするマイティー・クラウンの強烈に交戦的なアティテュードはタクシー・ハイ・ファイを圧倒した。ダブ、パトワ以前にそのマイティー・クラウンが醸し出すギラギラとした闘争本能に満員の会場も圧倒された。その姿勢こそが新しかった。誰もがカセットでは伝わらなかった横浜の若者達の不敵な面構えに見入った。その放たれる熱量も想像以上だった。

「客がパンパンだったのは覚えているな。あと、俺たちのサウンド・システムが音が悪かったことも。音では完全に負けてたもん。終わってから気付いたんだけど配線が抜けててさ、繋いだら音がちゃんと出て笑ったよ」。それでも完勝だった。「『10対0』とは言わないけど『9対1』ぐらいかな。一度も押された気持ちにはならなかったし」。

「あと、覚えているのは、その時に竹中さんのダブをプレーしたことが話題となったこと」。それは俳優・竹中直人のダブだった。

「二回目のジャマイカの直後に親父に呼び出されたんだよ、ニュー・メキシコのサンタフェで親父がプロデュースしていた映画の撮影現場に。岡本喜八監督の『イースト・ミーツ・ウエスト』っていう映画なんだけどね。まぁ、俺の大学のこともあって、親父から『お前を叩き直してやる』って呼び出されて、現場で通訳や監督のお付きみたいなことをさせられたんだけど、その映画に竹中さんが出演してたんだ。映画の撮影が休みの時にロスに行く竹中さんの通訳をしたり仲良くさせてもらったりしてさ。竹中さんは現場では一番下の俺にも優しくしてくれてね。そのつながりもあってダブを録らせてもらったんだ」。

マイティー・クラウンがそのダブをプレーすると客席から「竹中はレゲエじゃないだろ」と野次が飛んだ。「そうだよ、でも本場のサウンドはレゲエ以外のジャンルの音楽やダブをプレーしてて、そういう違う角度からブっこむじゃないけど、エンターテイメントとしてプレーしたんだよね。実際にそれで客を沸かしたしさ。なんか、日本の客って真面目と言うか、こうじゃないといけないって勝手に思い込んでいたりもするから、そうした野次もあったとは思うんだよね。当時にマイアミのワギー・ティーがエディ・マーフィーのダブをプレーしていたんだけど、俺らの竹中さんのダブはそのイメージになるかな。俺らはその後にヒップホップの大物のダブも色々と録って、それも俺らの持ち味にもなるんだけど、もともとは本場のアイディアなんだよね。今は日本のロック・フェスにも呼ばれるから日本のロック・バンドのダブも録っているしね。レゲエだけをプレーしなきゃいけないと思っているのは枠に囚われた人だよ。俺らの強みはそうした枠に囚われないことだね。あと、相手のファンは野次を飛ばすもんだよ」。

そのタクシー・ハイ・ファイとのサウンド・クラッシュを収録したカセット・テープは

当時に話題となっただけではなく、現在まで何度か再発されている。「あのカセットもデカかったね。それでもっと知られた気はする。それで俺達がその時に一番勢いに乗っている感じに伝わっていたんじゃないかな」。

ベイサイド・ジェニーと「頂点」

4月にタクシー・ハイファイを東京で打ち破ったマイティー・クラウンはその勢いのままに年末には大阪へと乗り込む。12月29日に大阪のベイサイド・ジェニーでは「頂点」、そのタイトル通りに日本のサウンドの頂点を決めるサウンド・クラッシュが開催された。横浜からマイティー・クラウン、東京からはタクシー・ハイ・ファイ、そして地元大阪からはトキワ・スターが出演した。

「トキワって当時にすげぇ話題だったじゃん？　大阪のオールスター・チームみたいな感じで」。トキワ・スターは大阪のサウンド、ビッグ・バン・クルー、リディム・クルー、デジタル・ベース、ロブロス・クルー等が結集して結成されていたサウンドだった。それぞれのサウンドに所属していたアーティスト達、現在も日本のレゲエ・シーンの最前線に立つ、ジャンボ・マーチ、タカフィン、ボクサー・キッドのマイティー・ジャム・ロックの面々や、NGヘッド、リョー・ザ・スカイウォーカーのDeeJay達に加えてシンガーのプシンも当時は全員トキワ・クルーに所属していた。「開催場所も大阪で奴等の地元だったんだけど、まぁ、その時もブッ倒してやった感じだったかな」とマイティー・クラウンはこの時も圧勝してみせた。

記憶に残っているのはその時のスティッコのMCだった。「客はいいよ、でも、プレーしている奴がプレーしている曲のリリックの意味もわからないでどうするんだ」と言い放った。サミーにも自分がその時のスティッコのMCがそれまでのモノマネを許容した日本のサウンド・シーンの一つの分岐点になったと感じたこと伝えた。「スティッコがあの時にそう言ったのは、その現場でのMCとしての言葉の攻撃なんだよね。トキワだって全くパトワやリリックがわからないわけではなかったし。あと、俺らだって当時は全ての曲のリリックの意味を理解できていたとは言えなかったよ。ただ、タクシーとの時もそうだったんだけど、トキワも曲を返して来なくてさ。クラッシュってさ、曲のリリックとMCで相手を攻撃して、それに対してまたリリックとMCで返していくことで戦っていくじゃん?　ダブもクラッシュ用には相手を攻撃できるリリックに変えて録ったりして。それでどちらがイケてるかを客は判断するんだけど、俺らはトキワが仕掛けてきた曲には全部返すんだけど、それに返して来なかったんだよね。それが客もどういう状況なのかわかっちゃっていたんだよね。客がパトワとかリリックをわかっているとかではなくて、奴等が何も返せていないことが伝わっちゃってたんだよね。でも、この時はそのパトワやリリックのことよりも俺らの畳み込み方、攻め方、勢い、あと圧倒的な自信で倒した感じだったかな。俺らは乗りに乗ってたからね。相手をどうこう言うよりも、ちゃんとMCと曲を繋げて客を上手くリードしていった感じだった。あと、大阪の客だったから曲をよく知っていたしね」。

そうしてマイティー・クラウンは頂点に立った。日本のサウンド・クラッシュの王座と誰もが認めた。日本をレペゼンするサウンドになった。1995年にサミーが帰国する時にミッションとした「まずは地元」も達成したとも言えた。

サミーは「まぁ、勝利は単純に嬉しいよ、負けず嫌いだからさ。でも、そこじゃないと言うかさ、別に日本のナンバー・ワンって意識もなかったと思うよ。全部のサウンドとやったわけでもなかったしね」。と話し、その当時の気持ちを説明した。「例えばさ、オリンピックに出てメダルを獲る選手でも、いきなりオリンピックに出れるわけではないじゃん？どんなに強くてもその国の予選をまずは勝たないと出る資格を持てないわけでさ。その当時の日本でのクラッシュもそういう国内予選や地方予選みたいなイメージだったかな。とりあえず本場でやるためには倒しておかないといけないみたいな。まぁ、何度も言うけど、俺が見ていたのは日本だけじゃなかったからさ。日本と本場、その頃は本場に行くための日本だったからさ」。

そしてその翌年、1999年にサミーは自分が見ていた世界、その本場のサウンド・クラッシュの世界に踏み込むことになる。

マイティー・クラウン初のサウンド・システム。

辻堂クラブ・ウエストサイド。ブレイン・バスターとのクラッシュ。

ブレイン・バスターとのクラッシュの時に助けてくれたテイスティー。

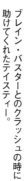

関内クラブ24。「地元を盛り上げる」とやっていた時代。

BOS-PROMO
Presents A
Bashment Night of Japanese Invasion
Straight out of Japan
SAT. MAR. 15 1997
MEETS
The Invader Himself
MADMAN CHARLEY
SELECTING ON
LEGACY
International
EARLY JUGGLING BY
PRESTIGE SOUND
Jr. RADIGAN
CAVALIER CRICKET CLUB
8-10 GENEVA AVENUE, Boston
ADMISSION
$10 B-4-11
$15 AFTER

「火と拳」ツアー。マイティー・クラウン&ファイヤー・ボール。

RIKKCO International
pres
The Experience Vol.1
GLORIA
"Mental '98"
SOUND CLASH
TAXI HI-FI
MIGHTY CROWN
FROM TOKYO
VERSUS
VERSUS
FROM YOKOHAMA
GATE OPEN 8PM, SHOW TIME 10PM~
4/27 (mon)
Club Yellow
Special Guest Dance Peformance by
Midori
XO XO
Information
●前売りチケット(Pre-sold) ¥3000(1 drink)
当日チケット (At-door) ¥3500(1 drink)
●チケット取扱い店(Ticket Outlet)
Gloria(tel:03-5456-0172) Nat Record(tel:03-5337-7558)
Cisco Reggae Shop(tel:03-5458-6625)
●デザイン D-ZARUS Production
●お問合せ(For more info.) 030-868-4216 or 020-176-1292(RIKKCO

FIVE STAR
THE STATE OF FASHION
TOKIWA JAPAN PRESENTS
FIVE STAR CUP'98
FIVE STAR
THE STATE OF FASHION
Mighty Crown sound system
TAXI HIFI sound system
TOKIWA STAR sound system
VS
VS
MASTA SIMON, SAMMY-T, STICKO, COGEE
RANKIN' TAXI, THUNDER KILLER, CONQUERER, SUNNY CHAN
PAM PAM, KYARA, HASSY-C
サウンドシステム
98年度総決算
開場 9:00PM
開演 10:00PM
終了 3:00AM
☆詳しくは裏面参照☆
FRONT ACT
BLACK BASS
前売 3500円
当日 4000円
AT.大阪BAY SIDE JENNY
1998年12月29日火曜日

CHAPTER 5
ROAD TO WORLD CLASH '99

ワシントンと「ワールド・ウォー」

1999年。オーバーヒートからの公式ミックスCD、〈デジタル・B〉の音源を使用したCDの発売とそれを記念したツアーを実施した直後にマイティー・クラウンは5月にワシントンでサウンド・クラッシュ・イヴェント「ワールド・ウォー」に出場する。

「この時はジェネラルを通じてアイリッシュ&チンからのオファーだった」。アイリッシュ&チンはクイーンズに拠点を置くニューヨークのプロモーターで、その前年に「ワールド・クラッシュ」を開始している。現在は幅広く公演を手掛け、レゲエのメディアとしても活動するが当時はそうしたサウンド・クラッシュを主に手掛けるプロモーターだった。現在はマイティー・クラウンの海外マネージメントも務めているが、「この時はまだ違った」。

「ワールド・ウォー」はマイティー・クラウンとしては正式には初の海外でのサウンド・クラッシュ・イヴェントへの参加だった。マイティー・クラウンの他にはロンドンからサー・コクソン、ジャマイカからベース・オデッセイも出場していた。どちらも「ワールド」に相応しいサウンドだった。マイティー・クラウンは「『ワールド』と言うからにはジャマイカ、ニューヨーク、ロンドン以外からも呼ばなきゃぐらいだったと思うよ」。その初の海外でのサウンド・クラッシュへの出場はサミーが期待や想像してたものとは全然違った結果で終わった。「イヴェントとしては完全にフラップ（失敗）だったんだよね。客が全然入らなくてクラッシュにならなかった感じ。ベース・オデッセイもスクインジーは来てなかったし。ただ、それぞれのサウンドで曲をプレーし合う感じになっちゃったんだよね。その時のカセットは出回ったんだけどね」。

ただ、そのマイティー・クラウンのプレーをアイリッシュ＆チンは見ていた。その翌月のサウンド・クラッシュにも再び呼ばれることになった。

ボストンとヴィンテージ・ウォー

6月にボストンでアイリッシュ＆チンが開催したサウンド・クラッシュ・イヴェント「ヴィンテージ・ウォー」は、そのタイトル通りにファウンデーションをテーマにしたものだった。「60～80年代の曲しかプレーしてはいけないっていう縛りがあった」。マイティー・クラウン以外には再びサー・コクソン、そしてブロンクスのダウン・ビートが出場した。

「こっちはもっとちゃんとしたクラッシュだった。トロフィーも用意されていたし、客も入ってたし、結構盛り上がった」。そこでマイティー・クラウンは優勝を果たす。初めて海外でトロフィーを獲得する。

「サー・コクソンもダウン・ビートもヴェテランのファンデーション系のサウンドなんだけど、そこに俺らみたいな日本の若いサウンドが出て、そうしたダブも持っているし、普通にパトワも話せるから新鮮に見えたんだろうね。レガシーとの時もそうだったけど、そういうギャップだよね。出ているサウンドの中で俺らだけ知られていなかった分だけそのギャップのインパクトもあったんだと思う。あと、その時は俺らが客が知っている曲をプレーしたのもあったと思う、その時のダウン・ビートはディープ過ぎる選曲で客とコネクトできてなかった感じだったから」。

「俺達は最初から結構ファウンデーション系のダブを録っていたんだ、ブランニュー（最新曲）だけではなく、それ以前の曲やアーティストのものも。ニューヨークでもトニー・スクリュー（ダウン・ビート）の仕切りでダブ録らせてもらってたって言ったけど、それもファウンデーション系のアーティストの曲だったりしてね。今はもう亡くなっちゃって録れないアーティストの曲も結構録ってる」。

海外のサウンド・クラッシュで初めて勝てたことは勿論嬉しく、それは自信にもなったと言う。ただ、それにサミーが満たされなかったのはそれがファウンデーションに限ったテーマにしたサウンド・クラッシュだったことだった。それぞれのサウンドへの敬意は抱きつつも、サミーが挑みたいサウンドとプレーしたい相手は他にもいた。

「来たー!!」とジェネラルとの別れ

「ヴィンテージ・ウォー」に優勝したことでアイリッシュ&チンから「ワールド・クラッシュ」へのオファーが来たのかと聞くと、サミーは「違う」と言い、「そもそも『ワールド・クラッシュ』を意識していなかったと言うか、知らなかった」と言った。

「いや、知らなかったと言うか、ああ、あの時のイヴェントが『ワールド・クラッシュ』だったんだ、って感じ。その前の年に開催された時には俺も見に行っててさ、そこでチューパのキラマンジャロが優勝したのも現場で見ていたんだよね。でも、その当時によく似た名前のクラッシュのイヴェントは他でも開催されていて、それが『ワールド・クラッシュ』だったとは認識してなかったんだよね。まだ一回しかやってなかった始まったばかりのイヴェントだったし。今みたいに『ワールド・クラッシュ』が世界最大のサウンド・クラッシュのイヴェントって認知されていない頃だったからさ。だから、その時に『ワールド・クラッシュ』と名前だけ聞いてもそんなに『出たい』とかでもなかったんだ。でも、その後に他の対戦相手となるのがキラマンジャロ、ベース・オデッセイ、あと、トニー・マタロンって聞いて『来たー‼』って思ったんだよね。もう文句の付けようがないメンツ、トップ中のトップばかりだったからさ、遂にその本場のトップ達と同じステージでやれる時が来たって思ったんだよね」。

また、アイリッシュ＆チンが「ヴィンテージ・ウォー」の結果を受けてオファーしたことに「違う」と答えた理由はこうだった。「これは後から聞いた話。最初は俺達じゃなかった。『ワールド・クラッシュ』だから日本のサウンドも出場させようと考えた時にアイリッシュ＆チンが最初に候補にしたのはジャッジメントだったんだよ。ジャッジメントは俺達が『ヴィンテージ・ウォー』で優勝する前にロンドンで開催されたサウンド・クラッシュ・イヴェントで優勝してたんだ。ベース・オデッセイ、LPインターナショナルも出たクラッシュでさ。そう、ジャッジメントは俺達より一ヶ月早く海外で優勝してる。もしかしたら、それが日本のサウンドとしては海外では初。あと、ジャッジメントって当時にタッカーがジャマイカにいたこともあってジャマイカでキラマンジャロとよく一緒にやっていて、それでジャッジメントにオファーする予定にしてたらしいんだ。でさ、その時にどうもブルックリンのカセット・マンがアイリッシュ＆チンに『マイティー・クラウンの方がヤバい』って言ってくれたらしくて、それで俺達にオファーが来ることになったらしいんだ。いや、もしそのカセット・マンが俺達の名前を出してくれてなかったらどうなってたかわかんないよ。もう、名前はわかんないけどマジでその人に感謝だよ（笑）」。

ただ、それでスムーズに「ワールド・クラッシュ」に出場できたわけではなかった。その時にジェネラルとアイリッシュ＆チンの間でマイティー・クラウンをめぐった諍いが起きた。

「ブルックリンのドン・ワン・スタジオでダブ録りしていた時にアイリッシュ＆チンのチンと会ったら、ジェネラルへの不満を言われたんだ。それはチンとジェネラルが俺達が『ワールド・クラッシュ』を出ることで起きたトラブルで、金とかに関わる話だったんだけど、その時にチンから聞いた話が俺達がジェネラルから聞いていた話とは違ったんだよね、それもかなりね。チンもジェネラルからの要求にうんざりした様子だったし、俺もそんなことで出場できなくなったら困るわけでさ、そんなんでこのチャンスを失うわけにはいかないから、チンには直接俺達とディールしてもらうことにしたんだ」。それはジェネラルがすんなりと納得するような話ではなかった。ブルックリンで生きるジェネラルを思えばサミーやマイティー・クラウンを葬り去ることも簡単にも思えた。

「ジェネラルには奴の言い分はあると思うよ。俺がお前らの窓口になってやったじゃないか、色々と世話してやったじゃないか、ダブも何曲かタダで録ってやったじゃないか、散々一緒につるんできたじゃないか、とかさ。でも、俺らはそれまでにジェネラルから金をもらってなかったんだよ。一番最初に俺が一人で出たスターライトの時に一度もらってからは一銭も払ってもらったことがなかったんだよ。プロモーターからジェネラルに幾ら俺らのギャラ払われているかも知らなかったんだ。最初はもうプレーできるだけで良かったし、そういう機会を作ってくれるだけで良かったんだけど、いつまでも全部自分達の持ち出しでやっていけないしさ、日本からの渡航費やダブ代も別に掛かるわけで、ずっとそんなやり方では続けていけないんだよね、そんな俺らに入るべき金を全部持っていかれちゃったらさ」。

サミー達はジェネラルとはこの件をきっかけに距離を置くことになる。「ジェネラルも厳しい時期だったんだよ。時代も変わっていたし、それまでに色々と手広くやっていたことも上手くいかないようになっててさ。金になりそうなのが俺達だけになっててさ。でも、しょうがないよ、俺達だってそんなんでは一緒にやっていけないし、ビジネスとして成立してないし、やっちまったのは奴の方だったしさ。いや、そりゃ揉めたよ。ジェネラルに『どうなってんだよ?』って聞いてもちゃんとした説明もできないし、話し合いにもならなくて埒が明かなくてさ。普通に話して折り合いをつけたかったんだけどね」。

後日にサミーは直接ジェネラルと会って、全てを清算する場を設けたと言う。「『ワールド・クラッシュ』の後だよね。ジェネラルとマンハッタンの繁華街の人通りが多いカフェを指定して会うことにした。ブルックリンで会うのは危ないと思ったからね。それでも一人ではなんかあるといけないからってマサヤ君に一緒に来てもらった。ジェネラルも他に一人連れて来ててさ、そいつが上着の中に手を忍ばせたりして、俺達の方を睨みながら（拳銃を）持っていることを匂わすんだよね。嫌な緊張感があったよ」。それはお互いに良い別れではなかった。サミーが求めた別れ方でもなかった。

「マネージャーとマイティー・クラウンという関係なら別れるしかなかった。奴はマネージャーとしての仕事はしていなかったし、それどころか俺らに払われたはずの飛行機代まで自分のものにしてたからね。奴が厳しくなっていたのはわかるけど、そんなんだったら一緒にはできないからさ。決して俺らがいい感じになってきたから一方的に奴を切り捨てたわけではなくてさ。でも、奴と俺の関係で言えば友達の部分もあったからさ、スターライトの時もそうだけど、俺も奴には世話になってたりもしたし。もともとそうやって俺が奴と出会ったことで奴がマイティー・クラウンのマネージャーってことになったから、その話し合いも俺が行くしかなかったんだけど、俺は別れるのは仕方ないにしても奴と俺の中では円満な形で別れたかったんだ、友達としてね。でも、そうはならなくてさ。いや、悲しいとか切ないとかではなくて、残念な気持ち？　辛い感じにさせられたね」。

決戦前夜

「誰から見てもトップはキラマンジャロ、チューパが神だった時代だったし、前年も優勝しているからね。それにスクインジーのベース・オデッセイとトニー・マタロンがどう戦うかが見所でさ、俺達なんてオマケみたいなもん。俺ら以外は世界が大注目していたカード、世界中のサウンド・クラッシュ・ファンが見たいカードだった。他のサウンドからしても俺達なんて眼中にないし、存在もよく知らなかったと思うよ」。

「ワールド・クラッシュ」に向けてマイティー・クラウンは臨戦態勢に入った。サミーは「勝てるとは全く思わなかったが、勝つつもりで出ないと意味がないこともわかっていた」。その待望の機会を無駄にすることはできなかった。たとえ勝てなくても、その本場の大舞台で傷跡の一つでも残さないといけなかった。どこまでインパクトを残せるかが勝負だった。「そのずっと狙ってきたチャンスっていうのはさ、それは一度きりのチャンスって意味だったりもするんだ。それがダメだったら、その次は無いって意味なんだ。そんな甘い世界じゃないことは知ってたんだ」。

「もう出ることが決まってからは録りまくったよ」とその時にマイティー・クラウンが

持っていた金を「全てダブ録りにブチ込んだ」。そのダブは対戦相手を想定して録ることにした。

「俺達は知っているわけよ。実際に見ていたりもしたし、カセットでも聴いてきているから、キラマンジャロとベース・オデッセイのことも持っているダブもわかっているわけよ。トニー・マタロンもキング・アディーズから独立してブイブイ言わせていた時だったけど、奴が当時にみんなが欲しがったバウンティー・キラーの曲のダブは全部録れていることは知ってた。それで相手が持っているダブをシミュレーションしてダブを録ることにした」。

「気持ちでは負けていなかった」と確認をすると、サミーは「もう俺ら全員そんな感じになってたね」と言い、そのマイティー・クラウンとしてだけではないその時のサミー自身の気持ちも話した。「前も話したけど、俺は92年にニューヨークに行ってから、ずーっとナメられてきたの、ずーっと日本人だから、東洋人だからって。俺だけじゃなくて、日本人とか東洋人はずーっと見下されていてさ、そういうのを『ワールド・クラッシュ』で全部ひっくり返してやりてぇって思っていた。やっぱ悔しいわけよ、もうずーっとそういう扱いとか態度を取られ続けて来たことに対しては。ずーっと日本人とか東洋人ってだけで馬鹿にされたり、格下に扱われたり、対等に見てもらえないこととかは。だから、前にも言ったけど『わからせてやる！』だったよね、『ワールド・クラッシュ』でそれを奴等にわからせてやる、って気持ちになっていたよ」。

サミーとしてはサウンドとしての戦いだけではなかった。自分がその本場に飛び込み、その本場で習得してきた知識と知恵を持って、その本場で味わってきた悔しさをその本場の大舞台で晴らすための戦いでもあった。東洋人、日本人のプライド、何よりも自身のプライドを賭けた戦いでもあった。サウンドとしては勝てるとは思わなかった。到底勝てるとは思えない相手だった。ただ、サミー自身としては負けるわけにはいかない戦いだった。

コージ君の部屋があった建物の屋上で。いつも見ていた時計台。
左からコージ／マスタ・サイモン／サミー・T／スティッコ。

CHAPTER 6

WORLD CLASH '99

「ワールド・クラッシュ」と「燃えよドラゴン」

「ワールド・クラッシュ'99」は1999年10月9日にニューヨーク・ブルックリン、クラブ・ウエアハウスで開催された。そこには人が溢れていた。

「500人くらいはいたと思うんだけど、チケットを買えない人達が会場の外でセキュリティーと『入れろ』『入れない』で揉めている感じで、もう熱気と言うよりも殺気立っている感じでさ、それまでにもそれこそビルトモアでデカいサウンド・クラッシュのイヴェントは見てきたけど、そんなんよりも全然やべぇ雰囲気になっていたんだよね。そのヴァイヴスがハンパない感じで、それだけみんなが見たいと言うか、それぐらいに注目されているクラッシュなんだとその会場に入る前に理解したんだよね」。ただ、サミーがそれに怖気付くことはなかった。「緊張はしてたよ、でも、その時は『やってやる!』だったよね」。ただ、その目の前にした会場にはなかなか辿り着けなかったと言う。多くの人をかき分けて入口のゲートに辿り着いても入口はそれ以上に人が入らないように既にロックされてしまっていた。出演者だったのにも関わらず、周りの人達だけではなく、会場の人達も通してはくれなかったことにそのイヴェントでのマイティー・クラウンの立場が表れていた。

「もう客も入りきれなくなっているのに、セキュリティーが客に100ドル払ったら入れてやるってしてていたみたいで、後から知り合いに聞いたら、それで100ドル払ったのに中に入ったらまたチケット代を払わされたんだって。そう、セキリティーが100ドル抜いてんの、いかにもブルックリンのセキュリティーって感じだよね」。そんな混乱したゲートの前に立ち往生していたマイティー・クラウンを偶然にアイリッシュ＆チンのアイリッシュが二階の窓から見つけ、「ロックされたゲートの横のシャッターを開けるからそこから入れ！」と指示した。その一瞬だけ開けられたシャッターからマイティー・クラウンは会場の中に入るが、その時にも多くの人が一緒に会場に雪崩れ込んだ。

会場の中も客で溢れていた。満員だったその中をマイティー・クラウンはステージに向かって進んで行った。すれ違う客から「おい、お前ら話せるのかよ‼」「ミスター・チン‼　お前ら今日殺されるぞ‼」と罵声や失笑を浴びながらステージを目指した。ステージに上がるまでも戦いだったが、そのステージの上では既に戦いが始まっていた。キラマンジャロのリッキー・チューパとトニー・マタロンがプレーする順番をめぐって言い合っていた。ベース・オデッセイはいなかった。彼らはビザの関係でそこには来れなかった。その時点で客にとっては「チューパ対マタロン」だった。その時点でその二人もマイティー・クラウンを相手にはしていなかった。ベース・オデッセイと同様にマイティー・クラウンはそこにはいないものとして戦いを始めていた。

「チューパはキラマンジャロが前年に優勝してることを理由に最初にプレーするとか言ってて、それにマタロンもだけど客も文句言ってたんだよね。本当だったらクジ引きで決めたりするからさ」。サウンド・クラッシュではどの順番でプレーをするのかも重要だった。仕掛けるタイミング、プレーする曲とダブに大きく影響した。多くのサウンド・クラッシュでは他のサウンドが先にプレーした曲やダブを残りのサウンドはプレーしてはいけないルールも存在した。それを「プレー・バック（Play Back）」と呼び、その時点で反則負けとされることもあった。

「で、ちょうどそれで揉めているぐらいに俺達はステージに上がったんだ。そしたらチューパが『わかった、キラマンジャロはディフェンディング・チャンピオンとして最後にプレーすることにする。マイティー・クラウン、お前らが先にプレーしろ』ってマイクを渡してきたんだ」。その無茶振りにサミーは慌てはしなかった。サミーは集まった客と同様にマイティー・クラウンはパトワは話せないとチューパが思っているとわかっていた。その大勢の客と同様にチューパもマイティー・クラウンを見るのは初めてだった。マイティー・クラウンのことを全く知らなかった。先にマイクを渡し、パトワが話せないことで客前で恥をかかせ、先に脱落させてしまうことがチューパの目的だとサミーは察知できていた。

そのまま「かましてやったよ」。渡されたマイクを握ったマスタ・サイモンとサミーは引くことなくパトワで立ち向かってみせた。それに客は驚き混乱した。そのままチューパやマタロンに向けても堂々とパトワでかましてみせる姿勢に会場は沸き立った。マイクを握ったマスタ・サイモンの横で、サミーはプレーを開始した。その戦いの最初の曲としてサミーが『燃えよドラゴン』のテーマ曲を流すと驚き混乱していた客は一斉に熱狂した。

「もうさ、ブルース・リーは奴等からしたらもろ東洋人のイメージなわけよ。そんでブルース・リーは奴等からしてもヒーローなわけよ。奴等はカンフー映画大好きだからさ、当然ブルース・リーの映画『燃えよドラゴン』のテーマ曲も知っているわけよ。それを東洋人の俺達がその映画と同じように戦う場面でプレーしてみせると説得力があるって言うか、奴等のツボにハマるんだよね。もう、それは作戦。シミュレーションしてきて、そうした俺達の東洋人のイメージを逆手に取ることで思いついたアイディアだった。ニューヨークで奴等がそうしたカンフー映画やブルース・リーが好きなのはわかっていたしね。サウンド・クラッシュの勝敗は客のジャッジによって決まる。その地、その会場、そこに集まる客の気質や好みを知ることは重要だった。サミー達には『燃えよドラゴン』のテーマ曲以外にも用意した作戦があった。

シミュレーションと「チェイス・ヴァンパイア」

「『ワールド・クラッシュ』に向けてダブ録りしていた時、その当時に〈マッド・ハウス〉のデイヴ・ケリーの曲が流行っていたんだ。そのバグ・リディムで作られたベイビー・シャム、バウンティ・キラー、ビーニ・マンとかの曲が。その曲でダブを録る時にバグではない他のリディムに変えて録ることにしたんだ」。そうやって曲をオリジナルを元にダブ用に歌詞を変えて録るのではなく、オリジナルとは異なるリディムで録ったり、オリジナルには参加していないアーティストを加えたりして録ることを「スペシャル(・ダブ)」、そしてその中でも特定のクラッシュ専用の歌詞に変えたものを「カスタム(・ダブ)」と呼んだ。そうやってサウンドは個性、オリジナリティを競い合う。

「普段から曲を聴く時にはそういう聴き方をしていた、『このリディムの曲だったら、あのリディムに変えられるな』とか、ダブ録りの時にオリジナルとリディムを変えて録ることを想像して聴くようになってた。だから、バグのリディムを聴いた時に『チェイス・ヴァンパイア』が思いついたんだよね。そう、サンチョが歌った『チェイス・ヴァンパイア』のリディムとバグのリディムは合うって。それでバグのリディムの曲をまとめて『チェイス・

ヴァンパイア』のリディムでカスタムしてダブ録りすることにしたんだ」。バグ・リディムでヒット曲を持つアーティスト達に『チェイス・ヴァンパイア』のリディムでダブ録ってもらって」。

ただ、バグ・リディムによる曲がヒットしていて「チェイス・ヴァンパイア」のリディムとの相性が良かったことがそうした理由だけではなかった。「『ワールド・クラッシュ』に向けて録ったダブだったから、当然ブルックリンの客のことを想定して録っていたんだ。サンチョの『チェイス・ヴァンパイア』は80年代後半の曲で、世界的にはそんなに知られてはいないんだけど、サウンドを追っている人達の中ではクラシック、ファウンデーションになっている曲で、ブルックリンの客、そうしたサウンド・クラッシュに来るようなコアなサウンド好きはよく知っている曲なんだよ。その当時のニューヨーク、ブルックリンはサウンド・クラッシュのメッカだったわけだけど、そういうブルックリンの客の知識やリテラシーの高さも知っていたんだ、ビルトモアの時代も経験しているからね」。

そのシミュレーション通りに観客は反応した。現在でもこの時のマイティー・クラウンが放った一連の「チェイス・ヴァンパイア」のリディムに乗ったダブはその夜のハイライトとして語り継がれているが、そのマイティー・クラウンのアイディアに観客は熱狂した。「最新の曲をファウンデーションのリディムでダブを録るアイディアに客がハマったんだけど、それも『チェイス・ヴァンパイア』ってことでツボるんだけど、そうやって俺達がファウンデーションを知っていることも見せつけてやったんだよね、客だけでなくてチューパとマタロンにも。この『チェイス・ヴァンパイア』だけじゃなく、U・ロイのダブをプレーした瞬間の時のことか今でも覚えている、『コイツら（ファウンデーションのダブも）めちゃくちゃ持ってる！』ってみんなを喰らわせてやった」。リッキー・チューパとトニー・マタロン、そしてその場の観客もマイティー・クラウンのことも、彼らがパトワを話せることだけではなく、彼らが持っている知識もダブも知らなかった。

トニー・マタロンは自ら脱落した。「自分から途中で『ここで降りる』って。マタロンはキング・アディーズから独立して間もない頃でそんなにファウンデーションのダブを持ってなかったから、そのままファウンデーションの曲での戦いに持ち込まれると勝てないことは自分でわかっちゃったんだよね」。あえて客からブーイングを受け敗北することよりも自ら脱落したところがトニー・マタロンらしいとも言えた。トニー・マタロンはその後にそのプライドの高さと口数の多さに比例した戦闘能力の高さでサウンド・クラッシュ・シーンのスターへと上り詰めている。マイティー・クラウンとも幾度も戦いを繰り広げることになる。

チューパとチューン・フィ・チューン

ステージに残ったのはマイティー・クラウンとリッキー・チューパ率いるキラマンジャロ。無名の日本からの若者達と「神」との一騎打ちとなった。

「もうイケイケだったね。シミュレーションしてきたものが次々とハマった。『燃えよドラゴン』『チェイス・ヴァンパイア』以外にも仕込んだ作戦がハマりまくっていて勢いは俺達の方にあった。客もさ、全く期待もしていないどころか知りもしない日本からのサウンドがパトワだけじゃなくて、ヤバいダブやファウンデーションのダブで次々とかましているのに喰らっちゃってて、その期待していなかった分だけのギャップ、そのギャップのデカさで『なんだコイツら!?』『やべぇぞ、マイティー・クラウン!』って空気になっていったんだよね」。その空気の中でサミーは必死になってプレーした。それまでに経験したことのないテンションの中でわけもわからない感じのままにただ必死にプレーをした。

「一曲で変わるからさ。相手はチューパだしさ。チューパなら一曲でその会場の空気を変えられることは知っていたから、そりゃ必死だよ。そんな『勝てる』とか思ったりはしなかったよ。客の中にはチューパのファンも多かったし、誰にとってもチューパは神だったわけで、その神をよく知らない日本人に負けさせられない人達がいるのはわかってた。

前にも言ったけど、サウンドやサウンド・クラッシュもジャマイカのカルチャーなわけだからさ、それを日本人に取られるわけにはいかないっていう客の気持ちもわかるから、ずっと緊張もしていたし、最後の最後まで必死だったし、必死に攻めた。後から思うと『よくチューパに向かってそんなこと言ったな』と思うぐらいひでぇことも言ったりして、とにかくもうキレキレだったね」。そのマイティー・クラウンの必死のプレーは様々なバイアスをも飲み込んでみせた。その突然に現れた無名の日本の若者達が神を粉砕していくジャイアント・キリングの様子に会場は興奮のるつぼと化した。その強力な客からの後押しを受けてマイティー・クラウンはリッキー・チューパを仕留めにかかった。神の座から引きずり下ろすことにかかった。

「いや、『Done Dead Already =お前はもう死んでいる』(サイオン・サクセスの曲)をプレーして決着した感じだったんだけど、チューパは諦めなくて、もう俺達の勝ちが決まった雰囲気の中でもまだチャンスを狙ってた。もうしつこい感じになってた」。その執拗さはリッキー・チューパの持ち味でも魅力でもあった。その執念を持った姿勢が人々の気持ちを捉えてきた。その決して諦めない姿勢が人々に勇気を与えてきた。その情熱と狂気がリッキー・チューパをキラマンジャロの中心的存在へとさせた。その老舗のハードコア・サウンドの中心に立つことも決して簡単なことではなかった。そこから神と呼ばれるまでの戦いは全く簡単なことではなかった。そのプライドもあった。リッキー・チューパにも負けられない理由はあった。何者でもなかった日本からの若者達とは違ってリッキー・チューパには背負ってるものがあった。リッキー・チューパも必死だった。

「それでも俺らはチューパの曲に返していった。一曲一曲、全部潰してやった。それで決まったんだよね。それで勝ったんだよね」。サミーにはその時のことをもう少し詳しく話してもらった。「もう、その最後の方には『勝てちゃうんじゃないか』と言うか、『おいおい、勝っちゃうよ〜』って思ったりしたけど、それでも最後まではわからなかった。最後の最後になってまた『サウンド・クラッシュはジャマイカ人のもの』みたいなバイアスが出てくるかもしれないしさ。だから、そのトロフィーを渡された時に『勝った‼』って言うか、『勝っちゃったよ〜』って思ったんだよね」。その時の映像を見てもサミーはどこか唖然としているように見えた。「いや、最後まで気を張ってたしさ、そもそも言った通りに勝てるとは思ってはいなかったからさ。それでトロフィー渡されていきなり勝った感じになっちゃって、いきなり『世界チャンピオン！』って言われても、なんかよくわかんねぇって言うかさ。いや、そりゃ嬉しいんだよ、勿論嬉しいに決まっているんだけど、でも、その時はそういう『嬉しい！』と言うよりも、なんか『ああ、良かった』って感じだったんだよね、すぐには実感が湧かない感じで。その翌日だよね、実感したのは」。

「わからせてやった」

マイティー・クラウンは勝った。勝てないと思って挑んだ戦いを制した。そのサウンド・クラッシュの本場で、本場のトップ・サウンドが参加した大会で優勝を果たした。

サミー個人としての戦いはどうだったのか。

「全然変わった。もう全然違ったね。もう周りの俺達に対する態度や扱いもね。いきなり世界チャンピオンだからね。手の平返しじゃないけど、リスペクトされるようになったよね。ストリートでも『チン！』『ジャップ！』だったのが『マイティー・クラウンだ！』みたいな感じで」。周囲のサミーへの視線や扱いは一夜で大きく変わることになった。ただ、サミーが変えたかったのは自分のことだけではなかった。それも変えることができたことを知ったのは他の日本人からの言葉だった。

「ニューヨークに住んでた日本人から『周りの態度が変わった』って言われたんだ。そいつはブルックリンに住んでたヒップホップのＤＪだったんだけど、マイティー・クラウンが優勝してくれたことで日本人に対する対応が変わったって言ったんだよね。勿論、ニューヨーク中が俺達が勝ったことを知っているわけではないよ。でも、それを知っている奴等、それこそブルックリンの黒人やジャマイカ人は俺達が勝ったことで日本人に対するそれまでのイメージが変わるんだよね。俺達が勝ったことでそれを変えられたわけでさ、そうだね、望んでいたこと、わからせてやること、わからせてやった気持ちにはなれたね」。サミーは自身の戦いにも勝ってみせた。

ただ、それで大手を振ってブルックリンを歩けたわけではなかった。「優勝してから三日間ぐらいは超ビビってた。被害妄想じゃないけど、チューパの熱狂的なファン達に狙われるんじゃないか、殺されちゃうんじゃないかって」。優勝が決まった時にリッキー・チューパとは何か言葉を交わしたかと聞くと、サミーは「いや、何も話さなかった」と言い、そのままリッキー・チューパを思いやった。

「チューパにとっても俺達に負けたことは俺達が勝ったぐらいに大きな出来事だったと思うよ。最強のチャンピオンだったわけだしさ。ジャマイカの人達からしたらマタロンならまだしも、よく知らねぇ日本のサウンドに負けるなんて許されることではなかったしね。何度も言うけど、サウンドやサウンド・クラッシュは奴等のもの、ジャマイカが発祥のジャマイカのカルチャーだからね。それが日本のサウンドに負けるなんて奴等からしたらありえないことで、実際にそのニュースがジャマイカに伝わったらチューパはめちゃくちゃ叩かれたんだよね。そのまま何ヶ月も雲隠れしていたらしいんだよね。負けたことのショックもあったかもしれないけど、そういうのからも逃げるために。それぐらいジャマイカではデカいことだったんだ。結局それが理由でチューパはキラマンジャロから脱退もしちゃうんだ。それでキラマンジャロも失速しちゃうんだ。だから、チューパもだけど、チューパがいたキラマンジャロの黄金時代を終わらせることになっちゃったのは俺らだったんだよね。ただの一つのクラッシュではなくて、そうしたことでも今でも伝説みたいになっているんだよね。俺らだけではなくて、サウンドのシーンの歴史的な出来事みたいにね。『ワールド・クラッシュ』で俺らがチューパに勝ったことで俺らは世界に知られることになったけど、そんな歴史的な出来事が起きたことで『ワールド・クラッシュ』も他のサウンド・クラッシュとは違う特別なイヴェントになったかもしれないね。あと、俺達が『チェイス・ヴァンパイア』で話題を集めたことで、その後に『チェイス・ヴァンパイア』のレコードが再発されてニューヨークだけじゃなくてヨーロッパでもスゲぇ売れたみたいで、ニューヨークだったり、サウンドのシーンだけの話にもならなかったんだ。まだネットとかもそんなにでカセットの時代にそれぐらい世界に影響を与えることにもなったんだよね」。

「俺の人生が変わった」

「俺の人生はこの夜に変わった、完全に変わったよ」。「ワールド・クラッシュ'99」に優勝をしたことでサミーの周囲は変わった。サミー自身はどうだったのか、と聞くとそう答えた。そのままにサミーは話し続けた。

「サウンドが好きになって、そのサウンドのカルチャーの中のサウンド・クラッシュの世界に魅了されたんだよ。その熱い世界、プライドを賭けて戦う世界、男の戦い、そういうのに憧れたんだ。男のロマンだよね。自分もそれをやりたいって。それをやれるようになるために本場に行ったわけで、そのニューヨークの本場で見たサウンドみたいになりたい、本場の奴等とサウンド・クラッシュをやれるようになりたいって思ったわけで、それが実際にできたこと、その世界の中で一番上のレベルでやりたいと思っていたことも叶えられたこと、そこで優勝できたことはスゲぇ嬉しかった。ただ、勢いやヴァイブスのままに偶然勝てたわけではなく、パトワを覚えたり、ダブを録ったり、サウンド・システムを作ったり、地元を盛り上げたり、俺だけではなくてマイティー・クラウンのチームとして全員でその本場の世界でやれるように積み重ねてきたことで勝てたことがスゲぇ嬉しかったんだ。あの夜に全員で戦っていた時に『サウンドやってきて良かった〜』って思った」。サミーはその1999年に戻ったみたいに嬉しそうに話し続けた。

「やっぱさ、めちゃくちゃ格好良いんだよね、サウンドは。もうさ、あんな世界、ヴァイヴスやエネルギーはサウンドにしかないんだよね。俺はそれがずっと好きで、そう信じて続けていたからさ、本当にそれで良かったって思えたんだよね。そうでなければ絶対味わうことができない感覚や経験だったからね。それをもっと味わいたくなったからね。勝ったことで世界へのゲートも開かれることになったのも嬉しかった。あの時に勝ったことでそれからずっと世界でやっていけることになったから」。それを聞いた上で、改めて1999年の「ワールド・クラッシュ」での優勝がサミーにとってはどういった位置付けになるかを聞いた。

「それからも色々と大きな出来事はあった、そこからの方が長いからね。でも、やっぱ、この時なんだよね、俺の中では99年の『ワールド・クラッシュ』での優勝は今までの人生の中での間違いなく最大のターニングポイント、うん、それで俺の人生が変ったんだ。俺らが結成したのは91年、でも、本当の意味でのスタートと言うとこの99年の『ワールド・クラッシュ』での優勝からになるんだよね。そこから本当の意味でのマイティー・クラウンの戦いが始まったから」。

2000年10月6日。「ワールド・クラッシュ 2000」は会場をニューヨーク・クイーンズのクラブ・アマズウラで開催された。3000人近く動員できる大箱へと変更となったのはその前年のマイティー・クラウンの優勝、リッキー・チューパの敗北の「事件」が在った。「ワールド・クラッシュ」への注目度は格段に上がっていた。その会場にマイティー・クラウンはディフェンディング・チャンピオンとして登場した。その名前が呼ばれると満員の客席から一斉にブーイングが起きた。昨年に受けたリスペクトは消え失せていた。ホストを務めたDJロイから「マイティー・クラウン」と呼ばれる度にそのブーイングは大きくなった。その激しいブーイングの中でサミーはダブにレコード針を置いた。この日の一発目としてシミュレーションして用意したダブだった。

サミー達はわかっていた。まだ彼らがわかってないことを。まだ彼らをわからせてはいないことを。まだ彼らをわからせてやらなきゃいけないことも。まだ何も始まってはいないことも。

IRISH & CHIN ENT.
WORLD CLASH '99
It's not where you are from, it's where you represent.
Saturday
OCTOBER 9 1999
COLUMBUS DAY WEEKEND
Featuring:
'98 World Champion
Killamanjaro
Rep. the world
KILLAMANJARO
BASS ODYSSEY
TONY MATTERHORN
CLUB WAREHOUSE
1370 RALPH AVE.
BROOKLYN N.Y.
BET CLARENDON & FOSTER
TEL: 718-322-5219
516-770-8322
SPONSORED BY:
IRIE JAM FM 93.5
REP. JAPAN
MIGHTY CROWN
ADM: $30
B4 12
Referee DJ ROY

Mighty Crown
'99 10 10

番
Snapple

Mighty
Crown

Mighty Crown
CROWN

CHAPTER 7
YOKOHAMA 2023

サミーと何回会って、何回話を聞いたかは数えきれなくなった。横浜のマイティー・クラウンの事務所だけではなく、様々な場所で話を聞いた。その目的ではない場面でもお互いに「本」をイメージして短くやり取りすることもあった。書き進めていく原稿を確認してサミーから「これは話していなかったけど」や「思い出したから」と伝えて来たりもした。サミーは何度も原稿を確認した。細かな言葉もチェックし直した。伝わる言葉のニュアンスを気にした。自分の事務所にも来て、自分の隣に座り、原稿が映るパソコンを見て一緒に確認し合ったこともあった。「俺こんな話し方してるかな?」と声に出して原稿を読んだりもしていた。「こんなに何度も同じ原稿を読み直したのは初めてだよ」とそうした作業を繰り返した。決してサミーは「後はヨロシク〜」ではなかった。その期間は自分が知らなかったサミーを知る時間にもなった。

●今回に自分のストーリーを本にしたいと思った理由は?

俺の経験を人に伝えたら誰かの役に立つんじゃないかと思ったんだ。自分では特別な経験をしてきたとも思っていて、海外に行ったり何かに挑戦しようとしているこれからの若者や海外で勝負しようとしてる人に響いてくれるんじゃないかなって思って。何か俺の経験をそうした人達がフィルターにして役立ててくれたらなって。勿論、時代も変わっているし今とは違うことも多いとは思うけど、何かのヒントになってもらえたらなってね。

あと、自分の記憶を記録しておきたかったのもある。色々と忘れてしまっていることも多くてさ。自分で書き溜めていた時にボン君とニューヨーク時代の話をしたら、ボン君は俺が忘れてしまっているようなこともスゲぇ色々と覚えていたりしたんだけど、これからはもっと忘れてしまうだろうな、って思ったりもしてさ。

●マイティー・クラウンがサウンドとしての活動を7月（2023年）に休止することも関係している？

それは関係ない。それ以前から自分では書いていたしさ。

●サミーが先に書き溜めていた原稿は1999年の「ワールド・クラッシュ」までの「俺のストーリー」になっていた。

当然その後から世界をツアーしたり、色んな景色を見てさらにヤバい経験や色々なエピソードもあるよ。でも、自分が若かったこともあるんだろうけど、その99年までの経験、90年代に自分が経験したことが強烈でさ、それを伝えたかったんだよね。あと、2000年以降のことは今までに色々なインタヴューや取材で話してきたけど、それ以前のことはあんまり話してこなかったしね。

●あとその原稿では「ブルックリン時代」を多く書こうとしていた。

「第二の故郷」って感じなんだよね。ブルックリンもあの頃とは全然変わっちゃっているけど、今でも行くと当時のことを思い出すし、「ああ、ここで頑張ってたなぁ」って思うよね。それこそビルトモアの跡地とか写真撮ったりして。ビルトモアもそうだけど、今から思うと特別な時代だった。それは自分にとってだけではなくて、サウンドやアーティスト、レーベルが揃っていた時代で、ダンスホールの勢いや熱気が凄まじかった特別な時代だった。その時代にブルックリンにいたことがより特別な気持ちにさせるよね。ダンスホールやレゲエだけじゃなくてヒップホップにとっても特別な時代だったし、それこそブルックリンの「みんなの館」の前でビギー（ノトーリアス・B・I・G）がライヴするのを見れた時代だったからさ。この本には関係しないエピソードもたくさん話したと思うけど、自分の中では特別な場所なんだよね、ブルックリンは。

●今回に繰り返したインタヴューを通じて、サミー自身も改めて自分のストーリーを確認しながら話すことになったと思う。

丸裸になった気分で話していたよ（笑）。ここまで話したことは今までなかったと思う。勿論この本一冊に全てを伝えることはできないけど、できるだけ詰め込もうと色々と話すようにしたね。そうやって話すことで自分が気付いたこともあったかな。例えば、サウンド以前の話、ガキの頃にスポーツばっかやっていた話もしたけど、結局それもサウンドにつながっているな、って。サッカーも点を取ることをシミュレーションして戦術を考えたりしていたし、スケートも自分がどう滑ろうか事前にシミュレーションしてボードをプッシュしてたけど、そうやってシミュレーションしていたことはサウンドにもつながってい て、サッカーとスケートをやっていたことはサウンドには役に立ってたってね。そうやって当時を振り返ってみると気付くことは色々とあった、今の自分だからわかることとか。勿論、99年以降に経験したことやエピソードにもそれはたくさんあるんだけどね。

●この1999年までは今のサミーにとってどんな時期と言える？

完全に修行の時代。その当時に色々と諦めずに乗り越えてきたから今があるしね。あと、色んな意味で一番喰らっていた時代、嫌なこともキツいことも色々言われたし、されたし、それを辛抱して耐え抜いた時期かな。それを乗り越えたら後からプライスレスなご褒美がやってくるって今は言えるけどね。スランプに感じていた時期もあったことは話したけど、それも辛抱と言うか、耐える時期でさ、そこで諦めないで乗り越える経験をすることが後からのご褒美につながるとも今は言えるね。

ガムシャラだったんだよね。カセット聴いて、サウンドの世界に惹かれて、でも全然わからなくて、それを知りたくてニューヨークに行って、本場のサウンドを見て、いつか奴等と同じ舞台に立ちたい、同じ土俵でやりたいってガムシャラにやっていた時期でさ。じゃないと、わざわざブルックリンのスラム街に行ったり、わざわざジャマイカのゲトーに行ったりなんかしないわけでさ、それだけ本気になれるものに出会えて、それにガムシャラになっていたんだよね。そうした修行の時代に積み重ねてきたものを全てブツけたのが99年の「ワールド・クラッシュ」だったんだよね。

●その1999年の「ワールド・クラッシュ」はサミーを変えた。

そうだね、話した通りに俺の人生の一番のターニング・ポイント。優勝したことで世界に進出できてステップ・アップできることになったけど、優勝したことで一位になることの大切さも知ったね。あと、ブルックリンで優勝したことは大きかったと思う。対戦したサウンドだけではなく、その黒人街の本場の土俵で勝ったことで認められたり、リスペクトを得られたことは大きかった。話した通りに俺らに対してだけではなく、ブルックリン、あとクイーンズ、ブロンクスの黒人街に住んでいた日本人に対する対応や態度を変えられたからね。もう、何度も話したけど、俺は日本人が舐められているのを覆したかったからさ。

●今回に話を聞いてきた中でサミーがブルックリンやジャマイカのジャマイカ人のことを「奴等（やつら）」と呼んでいたことが気になった。

その当時の俺が彼らに対して抱いていた感情をわかって欲しくてそう言ってた。俺は

「チン」「ジャップ」とか呼ばれていたからね。やられたり、悔しい思いをさせられていた相手だったし、彼らと対等に勝負しようとしていたからさ。そうした相手だったことを伝えるために「奴等」って言ったんだよ。間違って欲しくないのは彼らのことを憎んだりはしてなかったこと。その「奴等の文化」のサウンドの世界に惹かれたわけだからね。単純に音や響きに持っていかれたのもあるけど。

ジャマイカ人は俺が持っていないものや俺に足らないものを持っていて、それはなにか人として大切な部分だったり、男らしさやその格好良さだったりなんだけど、色々な感情が彼らに対してはあるよね。でさ、サウンド・クラッシュも「奴等の文化」なんだけど、それを通じて俺は戦うことの格好良さや負けない気持ちみたいなものを知れた感じなんだよね。それ以上にその楽しさだったりもするんだけどさ。

●マイティー・クラウンは日本を代表するサウンドとされていて、サミーもそれこそ1999年の「ワールド・クラッシュ」では日の丸に「一番」と書いたハチマキをして出場していたり、今回に話を聞いた中でも「日本人が舐められるのは」とか日本人としての意識を強く感じたけど、国籍ではサミーは日本人ではないことをどう思っている?

若い時は時代もあったけど気にしてた。でも、今はないかな。国籍が違うからって否定する人が一部にはいるのはわかっている、でも、そんなのはどうでもいい。俺らのことを日本の代表として見てる人の方が断然多いからさ。

日本は俺が生まれ育った国だし、横浜が俺の地元だし。世界の色んなところに行ったけど、俺は日本で生まれて良かったたって思ってる。日本語で話すのが一番話し易いしね。英語とかパトワが混ざった変な日本語になる時が多いけど。あと、日本と言うよりも日本人が好きだな。俺はルーツを広東にもつジャパニーズ、「チャイニジャパニーズ」。でもルーツが中国ってだけで何もわかってないんだけどね。中国語も喋れるべきだと思うけど喋れない。中国の国籍でもないしさ。

あと、差別の話もしたけど、結局さ、どの国にも差別する奴はいるし、あーだこーだ言う奴はいるんだよ、でもさ、自分が何者であるかは自分で決めるものでしょ?

●名前のことは?

話したように「サミー」って名前が壁になったことはあったけど、逆に「サミー」って名前で覚えてもらえ易くなったりもしていると思う。そう滅多に出喰さない名前だからね、日本では。今でも名前のことや国籍のことを聞かれることはあるけど、説明するのが面倒臭い。まぁ、なにかそれで嫌なことを言われてもすぐ忘れる能力を持っているんだけどね。

●あと、何度も草の話が出てきたけど。

もうずっと前にやめたよ。15歳の時から吸ってたけど、今は全然だね。もうさ、自分だけの話ではなくなるからね。そういうのもあってやめたんだけどね。家族もいるし、マイティー・クラウンのこともあるし、そうした責任はあるからさ。海外ならともかく日本だと犯罪で犯罪者になるしさ。まぁ、そのことについては日本は世界からは遅れているとは思うけどね。今は吸いたいとも思わないね、あんなに吸ってたんだけど（笑）。お酒とタバコと砂糖の方がやばいドラッグだと思うけどね。あと、日本はまだ草の税金の掛け方とかをわかってないんだと思うよ。

●これまでのマイティー・クラウンがサウンド・シーンに残した功績は大きいと思う。

サウンドの世界で言うと俺らが変えたことはあったと思うよ。俺らが優勝したことで他の色々な国でサウンドは増えたしね。実際にカリブのどっかの国に行った時に地元のサウンドの人から「ジャマイカ人以外のサウンドでもやれることを証明してくれてありがとう」って言われたけど、俺らが優勝し続けたり、世界で活躍し続けてきたことで、ドイツやイタリアとかヨーロッパの白人のサウンドも「ワールド・クラッシュ」にも出れるようにもなったしね。ジャマイカ人の「俺達のもの」という考え方も変えたと思うし、その意味ではサウンドのカルチャーを世界に広げることに貢献できたと思う。あと、俺らのプレーの仕方やダブの録り方、アイディアが本場のサウンドにも影響を与えるようになってる。俺らが書いたリリックでダブ録るサウンドもいるし、フォロワーみたいなサウンドも世界中にいるし。実際に見たことなくても今はネットで調べられるようになっているのもあるとは思うけどね。

日本でもサウンドのカルチャーを広げるのに貢献したと思うよ。少しはプレゼンできたんじゃないかな、レゲエやダンスホールだけじゃなくて、サウンドをね。ストリート・レベルじゃないぐらいにね。当時の雑誌で白黒だったレゲエのページもカラーに変えれたし。俺ら以降にめちゃくちゃサウンドが増えたしさ。俺らを見て自分もやってみたいってサウンドを始めた奴や、サウンドが格好良いって思った奴は確実に増えたし、夢を与えられたと思う。

●そのサウンド、マイティー・クラウンを30年以上続けてきたわけだけど、今にサウンドの魅力とは何かと聞けばなんと説明する?

音の力、音。サウンドって日本語にすると音なんだよ。それで人を喜ばすものだよね。サウンドは人を喜ばすもの、音楽を通じて楽しませるもの。ダブもそうだよ、持っていることをアピールするためのものではなくて人を喜ばせるもの、楽しませるものだよ。

音楽は世界共通語でしょ? だから、俺は世界中の人とサウンドを通じてつながることができたんだ。レゲエ以外のジャンルのアーティスト達や人達も音楽関係だけではない人達とも出会えたんだ。それが俺の財産で、俺の人生そのものとも言えるね。サウンドやったおかげでサウンドやレゲエ以外の人達、釣りやスキー、サーフィンや色々な人達とも繋がれているしね。

あと、サウンドは自分が一番輝ける場所、自分を一番表現できる場所。自分がその時に思っていること、それはその時々で違うんだけど、政治のことでも、社会のことでもなんでもいいんだけど、その時に自分が思っていることを曲とマイクを通じてメッセージにして表現できる場所。ダンスホールは言いたいことを言う音楽だしね。自分の言葉でマイクで伝えて、それに合ったリリックの曲をプレーして、自分自身を表現できる場所なんだよね。

よく「マイクロフォン・センター」って言うじゃん？　俺さ、プリーチャーに言われたことがあるんだ、そう、バドゥのレストランの所で知り合ったU・ロイの息子なんだけど、「サウンドでマイクを握ってプレーする時はお前がその場をコントロールするんだからな」って。それは自分が中心になって客をコントロールしろってことなんだけど、俺にとってはそういう場所だよね。全て自分のマイクと曲で客と会場の雰囲気を導ける場所だよね。音で人を揺らすのが気持ち良いから、それが魅力だね。

●そのマイティー・クラウンをこれまで続けて来られた理由は何？

パッション。もうそれはサウンド、レゲエ、ダンスホールが好きで、それに対する情熱でしかない。

●サミーにとってマイティー・クラウンは何？

俺の人生、生き様、一生もの……、苦悩と葛藤……、家族……、俺の全てかもしれない。

●そのマイティー・クラウンの活動を休止すること、サミー自身が「自分が輝ける場所」と言い、情熱を持ち続けてきたサウンド、「俺の全てかもしれない」と言うマイティー・クラウンのサウンドとして活動を止めるのはどうして？　マイティー・クラウンとしてではなくサミーとして説明してくれる？

あのね、活動休止を最初に言い出したのは俺なんだよ。コロナの少し前から変化を感じられなくなったんだ。活動がマンネリ化してて。毎年アメリカやカリブ、イギリスなど当たり前のようにツアーできたり、日本だけじゃなく世界のサウンドでも20年も世界ツアーしてるやつはそうはいないし、それは幸せなことなんだけど、俺は変化を求めるし、違う刺激を求めたくなったんだよね。もっと進化したいから。今に具体的に活動休止後のことで言えることはないけど、休止することでまた色々と見えてくると思う。それでなにか違う形の衝撃を与えれないかな、とは思ってる。

●マイティー・クラウンはサウンド活動を休止するけど解散ではない。近い将来での活動再開を期待していてもいい？

それはわかんない。それは俺以外のメンバーの気持ちもあるし、今回の活動休止を決断するに至るまでにそれぞれメンバーの思いもあるからさ。あと、それぞれに活動休止してからやりたいこともあるだろうから、今はわからないとしか言えないね。わかっていることは終わったわけではないということ。まぁ、ここで言葉で言うよりも行動で示したいから、楽しみに待っててよ。

●他のマイティー・クラウンのメンバーへの気持ちを聞かせてくれる？

このメンバーで良かったと本当に思っている。兄貴も兄弟ではあるけどメンバーとして、コージ君もそうだけど、このメンバーだったからここまでやって来れたし、今に思うと必然のメンバーだったと思う。スティッコもそう。それをスゲぇ嬉しく思えるし、誇りにも思える。途中で抜けたキャプテン・Cやスーパー・Gに対してもそう、今でも普通に会って一緒に笑えることは本当に嬉しい。そうしたメンバー達と一緒にやって来れたことが幸せに思うし、俺の見えないところで支えてきてくれたことには感謝しかない。

●サウンドとしてのマイティー・クラウンは活動休止する。一人のサウンド・マン、一人のセレクターである「サミー・T」としてはどう？

一生セレクター。

俺は一生セレクターだと思っているよ。

ティブな方だけをみせればよいと思ってて、それは伝染するから。なので、この本に入ってるメッセージを君なりにキャッチしてもらえたら嬉しいです。

自分を信じてもっと自信を持ってほしい。自分の強み、長所をもっと伸ばして、不得意なところは他の人にやって貰えば良い。

やりたい事をやり遂げる。人に流されず自分が本当に好きならやるべきだ。人が決めるんじゃなくて自分で決める事。一回の人生、親に最初反対されたけど黒人でもないのにブラックミュージックやるのなんかどうやって食っていけんの？ってね。今では親も納得してくれてるよ。

世界を目指せ！　世界は広いから、楽しい景色がいっぱい待ってるから、外に出ると日本の良さが更にわかるし、日本の欠けている部分も見えてくる。そうすることでもっと良い国になるんじゃないかなって思う。

世界は甘くないよ。一筋縄では行かない。日本の常識は通用しないからね。でも、本気でやれば通用するよ。それと遠慮はしてはいけない。ハングリーに行かないとガンガンくるから他の人種は、なので主張することはとても大事。Be Grateful.

SAMI-T

Reaching out to the Readers!!

この本を買って読んでくれた皆、本当にありがとう！　心から感謝してます！
そして家族に仲間達、本当だったら一人一人名前あげたいところだけど、とりこぼれた時に後悔するから(笑)。でも誰だかわかってると思うし、感謝してるし、いつもありがとう！　今言えるのは素晴らしいやつらと出会って全て必然だってこと。

俺は字を書くのも読むのも得意ではなくて、それに俺が通ってきた道は少し特殊なブラックカルチャーだからそこを全部ひっくるめて海外も経験していて一番上手く形に出来るんじゃないかなと思ったのが八幡さんで少し変わった人だけど(笑)、この本を完成するにあたって最後まで付き合ってくれてマジリスペクト。全部をこのサイズの本に収めるのも無理だけど、本当素晴らしい仕上がりになったよ！

この本の目的は俺の話を通じて何かしらのガイダンスになってくれれば良いなと思ってる。もっと日本から海外でもガンガン通用するやつが一人でも増える事を本気で願ってる。

Mighty Crownはとんでもない世界に顔突っ込んじゃって、大好きだから自分の選んだ道だし後悔はないけどこの世界で日本人がやっていくのって計り知れない葛藤があってさ、あんまり見えないし見せない部分でもあって、現実的にえぐかったところもあるからさ事実として、ネガティヴな部分ももちろんあったけどポジ

Be Grateful!

写真・画像提供 : SAMI-T
CHAPTER 3（P181）: YUTO YAMADA
CHAPTER 6（P261 ～ P267）: KAZUHARU ‘iGa-c’ IGARASHI
CHAPTER 7（P269 / P284）: RYUICHI OSHIRO

SAMI-T／サミー・ティー

1991年に横浜で結成したサウンド・システム・クルー、マイティー・クラウンのオーナーの一人でありメイン・セレクター。８つの世界主要サウンド・クラッシュのタイトルを持つチャンピオン・サウンド。20年以上世界各国をツアー、イヴェントに出演。日本を代表するサウンドの中心人物であると同時に世界的に活躍するレゲエ・アンバサダー、カルチャー・アイコン。国内最大級の野外レゲエ・フェス「横浜レゲエ祭」主催、「サマー・ソニック」「エアー・ジャム」他の大型ロック・フェスからサウンドとして日本で初めて首相官邸でプレーする等幅広く活動。プロデューサー、トラック・メイカーとして数多く楽曲も手掛け、アーティストとしても活動中。

八幡浩司／やわたこうじ

レコード会社勤務を経て2000年に24×7レコード(有限会社トゥエンティー・フォー・セヴン・レコード)設立。ジャマイカ、ニューヨーク他海外のレゲエ・レーベルの作品・楽曲、アーティストとカルチャーを国内に発信する活動を展開中。

ele-king books

SAMI 秘録 マイティー・クラウン サミー・Tのストーリー

2023年6月16日　初版印刷
2023年6月16日　初版発行

監　修　サミー・T
著　者　八幡浩司

装　丁　茂呂千里（Morrow）
表紙写真　五十嵐一晴
協　力　有限会社マイティー・クラウン・エンターテイメント
進行管理　野田努＋小林拓音（ele-king）

発行者　水谷聡男
発行所　株式会社Pヴァイン
〒150-0031　東京都渋谷区桜丘町21-2 池田ビル2F
編集部：TEL 03-5784-1256
営業部（レコード店）：TEL 03-5784-1250　FAX 03-5784-1251
http://p-vine.jp

発売元　日販アイ・ピー・エス株式会社
〒113-0034　東京都文京区湯島1-3-4
TEL 03-5802-1859　FAX 03-5802-1891

印刷・製本　シナノ印刷株式会社

ISBN　978-4-910511-49-8